8주간의 '직장 내 인성 계발 훈련'에 참여하면서 알게 된 《위기 극복의 힘, 인성수업》은 모든 임직원에게 꼭 필요한 지침서라고 생각되었다. 누구나 자신의 인성을 되돌아보고, 부족한 부분을 채워가면 올바른 인성을 갖출 수 있고, 주위에 있는 사람들에게도 대단히 좋은 영향을 줄 수 있다. 나는 인성 계발 훈련을 통해 주위의 신뢰를 받으며 기분 좋은 일이 생기는 새로운 변화를 맛보았다. 나뿐만 아니라 우리 회사 직원들 모두 좋은 교육을 받게 되어 너무나 고마웠다. 이 책 《위기 극복의 힘, 인성수업》을 CEO뿐만 아니라 모든 사람들을 위한 필독서로 적극 권하고 싶다.　**김용원(탈만코리아 대표이사)**

성과에 대한 칭찬은 단기적인 효과만 가져오지만, 인성에 대한 칭찬은 장기적으로 회사에 도움을 준다. 감시와 규제는 오히려 회사에 대한 직원들의 불신을 키우기까지 한다. 회사와 직원이 서로를 믿고 오랫동안 함께 일할 수 있는 환경, 내 지인에게도 추천하고 싶은 직장, 그로 인해 얻을 수 있는 유능한 인재, 이 모든 것이 인성 중심 문화에서 출발한다.

가재산(피플스그룹 대표이사, 서울과학종합대학원 겸임교수)

기업을 경영하는 모든 리더들은 인성을 교육시키는 것보다 좋은 인성을 가진 사람들을 뽑는 것이 더 중요하다는 것을 절감한다. 조직에 긍정적인 영향을 미칠 수 있는 직원을 뽑아야 근본적인 문제가 해결된다. 숨은 진주들을 어떻게 알아볼 것인가? 이 책 《위기 극복의 힘, 인성수업》 그리고 여기 담긴 49가지 품성을 알아보는 질문과 함께라면 결코 어렵지 않을 것이다.

김홍묵(전 SK그룹 SK아카데미 원장)

저성장과 고령화 시대를 맞아 이제 조직은 사람에 대한 문제를 풀어야 생존할 수 있다. 이 책에는 변화 관리, 조직 개발, 리더십 관련 이슈들을 동치미처럼 시원하게 풀어줄 기업 생존의 레시피들이 담겨있다. 저자 탐 힐은 수십 년 동안 '킴레이'라는 글로벌 중견기업을 경영하며 조직의 건강도를 저해하는 '썩은 사과'들을 개선하고 체득한 성공 경험을 여과 없이 보여준다. 조직과 사람에 대한 문제로 머리를 쥐어짜본 경험이 있는 분들이라면 이 책을 통해서 자신이 아직 해결하지 못한 이슈들을 먼저 해결해내고, 길라잡이를 제공하면서 아낌없는 격려를 보내는 저자의 진정성에 공감할 것이다. 디지털 기술 주도 시대에도 경영의 성패는 역시 사람에게 달려있다. 위기 시대를 극복할 수 있는 '조직 변화의 진실'을 많은 분들이 접하게 되시길 바란다.

김상범(KB국민은행 경영기획그룹 수석전문위원, 한국인사관리학회 산학협동부회장)

고대 그리스의 철학자 헤라클레이토스는 "인성이 그 사람의 운명이다"라고 했다. 좋은 인성을 가진 사람을 많이 보유한 조직이 그렇지 못한 조직을 앞서 나가는 것은 너무도 당연한 일이다. 많은 기업들이 지속 가능한 기업을 꿈꾸지만 방법론은 천양지차이다. 이 책에는 그 꿈에 이르는 길이 명확히 제시되어 있다. 《위기 극복의 힘, 인성수업》은 조직관리의 바이블이다!

송재승(현 하림그룹 경영지원실 인사팀 수석부장)

'4차 산업혁명'에 관한 논쟁의 핵심은 기술이 아니라 사람이다. 창의적으로 생각하고 과감하게 실행하며 누가 보지 않아도 책임을 다할 수 있는 높은 수준의 인성이 필요하기 때문이다. 이 책은 문제투성이 기업을 인성 계발을 통해 지속 가능한 기업으로 탈바꿈시킨 생생한 노하우를 담고 있다는 면에서 비즈니스 인성 계발을 위한 최적의 지침서가 될 것이라 확신한다.

김찬배(현 C-Tech연구소 소장, 《키맨 네트워크》, 《요청의 힘》 저자)

위기 극복의 힘, 인성수업
MAKING CHARACTER FIRST

일러두기

• 이 책에서는 독자들의 이해를 돕기 위하여 인성과 품성이라는 용어를 구분하여 사용하였습니다. 인성이란 한 사람의 총체적인 성향 및 포괄적인 도덕성, 사회성, 정서 등 전반적인 범위를 가리키는 인성(character)을 가리키고, 품성은 인성의 다양한 세부 자질(character quality)을 가리킴으로써 인성의 하위 구분을 설명하기 위해 사용되었음을 알려드립니다.

• 이 책의 모든 각주는 '옮긴이 주'입니다.

위기 극복의 힘,

making character first

인성수업

탐 힐·월터 젠킨스 지음 / 강성룡 옮김

한

"한번 해보라! 분명 효과가 있을 것이다"

몇 년 전 탐 힐을 만난 후로, 그의 가족기업인 킴레이Kimray 사와 이 회사가 발전시켜온 인성 중심의 문화에 줄곧 매료되었다. 예일 대학교에서는 학생들에게 소개할 좋은 경영 사례이자 연구 대상으로 킴레이를 제시하고 있다.

게다가 2010년에 우리는 미국 공영방송인 PBS의 다큐멘터리 〈덕德스럽게 사업하기(Doing Virtuous Business)〉를 제작하기 위해 킴레이 사를 자세히 살펴보았다. 에미Emmy상 후보에까지 오른 〈덕스럽게 사업하기〉는 영감을 주는 여러 사업 성공 스토리를 조명한다. 탐 힐 외에도, 세계에서 가장 영향력 있는 많은 기업들과 최고 중역들이 출연했는데, 그 가운데는 대표적 유명회사인 다논그룹Dannon, 서비스 마스터Service Master, 포시즌스Four Seasons, 월마트Wal-Mart, 타이슨 푸드Tyson Foods, 허먼 밀러Herman

Miller, 카길Cargill, 해비타트Habitat for Humanity, 커민스 엔진Cummins Engine 그리고 칙필레 레스토랑Chick-fil-A Restaurants 등이 있었다.

〈덕스럽게 사업하기〉에 소개된 킴레이를 비롯한 여러 조직들은 '가치에 기반'한 경영전략을 발전시켜왔다. 그들은 이런 경영전략을 통해 실적뿐 아니라 고객, 직원, 유통회사, 환경 및 사회 전반과의 관계를 개선해나갈 수 있음을 알게 되었다.

탐 힐과 킴레이 사는 세간에 알려지기 전부터 이런 경영전략으로 회사를 이끌어가고 있었다. 그들은 한발 더 나아가 인성에 초점을 둠으로써 다양한 규모의 조직과 문화에 적용할 수 있는 원리를 찾아냈다. 그 결과로 그들의 '캐릭터 퍼스트Character First(인성 중심 조직문화 조성)' 프로그램의 영향은 전 세계로 퍼져나갔고, 그 영향력은 점점 더 커지고 있다.

오늘날 킴레이 사는 주주, 직원, 고객, 유통회사 그리고 회사가 속한 지역사회와의 관계에서 긍정적인 차별화를 만들어내는 위대한 회사가 되었다. 하지만 그들에게도 위기는 있었다.

킴레이 사는 우리가 '경영혁신'이라고 일컫는 경우에 해당한다. 이 책은 어떻게 탐이 경영혁신을 이끌고, 킴레이 사의 고유한 인성 계발 프로그램이 어떻게 기업문화를 완전히 변화시켰는지를 설명해준다. 그것은 비틀거리는 회사가 생존을 넘어서 번창할 수 있는 강력한 힘을 공급해주었다.

나는 탐이 처음 경영혁신을 시작했을 때의 그의 인성이 어땠는지는 알 수 없다. 그러나 오늘날의 탐은 좋은 인성의 경지에 이른 현명한 사람이라고 말할 수 있다. 왜냐하면 우선 그가 훌륭한 인성을 갖고 있고, 또 무수히 많은 사람과 기업, 시민단체의 육성을 돕고 있기 때문이다.

킴레이는 인성이 어떻게 문화를 조성하고 완전히 변화시킬 수 있는지를 보여주는 좋은 예이다. 그들의 사례는 다른 회사와 조직이 배울 수 있는 본보기가 된다. 이 책이 바로 그 본보기를 전하는, 회사를 포함한 다양한 영역에 이익을 주는 유용한 형식과 과정을 제공할 것이다.

어쩌면 인성이라는 개념이 타락하그 말초적인 것을 추구하는 방탕함으로 가득한 세상에서는 케케묵고 낡은 것처럼 보일지도 모른다. 하지만 이런 생각은 결코 사실이 아니다. 이 단순하지만 강력한 탐 힐의 책이 입증해주듯이, 인성이란 양심, 옳은 일을 하는 것, 좋은 습관을 키워가는 것 그리고 개인과 팀의 도덕적 고결함을 가꾸어가는 일에 관한 것이다. 그리고 이 기업의 사례를 보면, 인성은 숭고한 목적을 강조하고 그 목적은 성공으로 가는 길을 열어주는 것임을 알 수 있다.

리더는 인성 계발에 결정적인 역할을 한다. 그러므로 리더란 사람들이 좋은 인성을 갖도록 격려려고, 그런 사람을 인정하고 칭찬해주어야 하며, 자주 그리고 지속적으로 그렇게 해야 한다.

영원히 끝나지 않을 이 과정은 단박에 효과를 발휘하거나 반짝 인기를 끌다가 사라지는 것이 아니다. 주의 깊고 신중하게 실천해나가다 보면, 성공적인 조직을 이루어나갈 수 있다.

결국, 당신은 타인에게 변화를 강요할 수 없다. 규칙과 명령으로는 그렇게 하지 못한다. 하지만 리더는 변화를 주도할 수 있다. 사람은 감정적이고 육체적이면서 동시에 영감을 받는 영적인 존재이다. 실제로 사람은 잘 되고자 하는 욕구가 있는 존재로 만들어졌다. 그들은 도덕적으로 고결하길 원한다. 이 고결한 여정을 어떻게 시작할 것인가? 인성을 먼저 계발하라.

한번 해보라! 분명 효과가 있을 것이다. 또한 그 방법이야말로 바르고 명예롭고 옳은 길이다.

시어도어 루스벨트 맬럭 박사

루스벨트 그룹The Roosevelt Group 회장 겸 CEO

예일 대학교 연구교수

"왜냐하면 그것은 옳은 일이기 때문이다!"

지난 5년간, 나는 뉴웰 러버메이드Newell Rubbermaid 사의 번영을 목격하는 특권을 누렸다. 그것은 캐릭터 퍼스트에 기초한 매우 독특한 문화와 가치체계를 기반으로 하고 있다.

수익창출이 사업의 당면 목표이긴 하지만, 사업의 목적은 단지 돈을 버는 것만은 아니다. 수익이 없으면, 회사 경영에 대한 신뢰도를 거의 기대할 수 없을 것이다. 그렇다 할지라도 수익창출이라는 공통된 목표를 추구함에 있어서, 우리가 어떻게 하면 회사를 조금 더 다르게 운영할 수 있을지를 고민하는 것이 더 중요하다. 넓은 시야를 가지고 의미 있으면서 지속적으로 열정을 갖는 것 등의 방식에 대해 말이다.

많은 회사가 소득의 극대화, 비용 절감, 제품과 서비스의 수준 향상, 경쟁사보다 더 높은 경쟁력 확보 등 공통된 어려움을 털어놓는다. 허나 이 모든 핵심들의 성공 여부가 사람에게 달려 있음을 부인할 사람은 아무도 없다.

핵심 인재가 사업 성공에 중요하다는 사실에는 나도 동의하지만, 오늘날 안정적인 수익을 오랫동안 유지하는 최고의 기업이란 그 직원들이 아무리 '평범'하다 할지라도 개개인의 잠재력을 최대한 발휘되도록 돕는 회사라고 생각한다. 또한, 평범한 직원이 잠재력을 발휘할 수 있도록 하는 과제는 직원들이 가진 지식의 양이 아니라 마음의 문제이다.

인성 계발은 개개인의 마음과 곧바로 연결되어있다. 그것은 우리의 태도를 바꾸고 의지를 바꾸며 우리의 행동과 습관을 바꾸는 일이며, 도덕적 탁월함으로 동료와 고객, 공급업체 그리고 모든 사업과 관련된 이들과 늘 전인적인 관계를 형성해가는 것이다. 인성은 옳은 일을 하기로 결심하고 그 일을 올바르게 하기로 결단하는 자유이며 평생의 여정이다.

인성은 모든 직원을 동일한 가치관과 행동, 열망으로 하나가 되게 하며, 이로써 강한 인간관계를 형성한다. 그리하여 모든 사람이 탁월함, 헌신 그리고 열정을 갖고 나아가게 하는 강력한 문화를 만들어낸다. 그것이 옳기 때문에, 그 옳은 일을 하는 데 초점을 맞출 때, 우리는 그날그날 일어날 일의 결과를 절대 걱정할 필요가 없다. 왜냐하면, 올바른 가치관은 올바른 반응을 결정하고, 올바른 반응은 올바른 과정을 이끌어내며, 올바른 과정은 올바른 결과를 낳게 되는데, 이렇게 되면 올바른 결과는 전반적으로 꾸준히 평균 이상의 수익성을 보장해줄 것이기 때문이다.

결국 인성 계발은 리더십이 가장 강력한 영향을 미친다. 인성은 권력과 지위만이 아니라 도덕적 권위로 리더십에 힘을 보탠다. 힘과 지위로는 겉으로 보이는 순응만 강요할 수 있지만, 일상에서 드러나는 인성에 기초한 리더십은 직원 내면으로부터 자발적인 헌신을 끌어낼 수 있고 회사와 개인 차원 모두에서 창의성과 혁신적인 사고를 발휘하게 하는 유일한 길이다.

타이 차우 치
뉴웰 러버메이드
중국 상하이 지점 부회장

차례

나의 친구이자 장인어른이며,

멘토인 가먼 O. 킴멜께

이 책을 바칩니다

1913 - 2008

"인성은 리더십의 핵심이다"

토머스에게 회사를 운영한다는 것은 일 이상의 의미가 있는 행위이다. 그는 자기 일을 사랑하고 회사 사람들을 사랑하며 그가 공급하는 제품과 서비스를 사랑한다. 자신의 인생을 일에 쏟아붓고 일을 생각하며 잠들고 일을 생각하며 깨어난다. 일은 그의 열정이고 숨 쉬는 공기이며 혈관에 흐르는 피이다. 그는 어떤 것보다도 일에 많은 시간과 생각을 투자한다. 가족들은 그의 이러한 점에 불만을 갖기도 한다.

물론 토머스가 이렇게 최선을 다해도 일이 뜻대로 되지 않을 때가 있다. 문제가 발생하면 그중에는 해결 방법이 있는 것도 있지만, 그를 완전히 압도해버리는 것도 있다. 그럴수록 더 오랜 시간 일하고 몰두하며 더욱 더 일에 전념한다. 그는 의지력만을 가지고 회사를 경영하려고 한다. 몇 번의 작은 성공을 이루기도 했지만, 대부분의 경우에는 난관에 부딪쳐 헤쳐나갈 방법을 고민해야 한다.

토머스는 회사의 다른 사람들도 중요하기는 하지만, 자신의 헌신과 열정을 직원들과 나누지는 못할 거라 생각한다. 그는 직원들이 5시에 퇴근해 회사 문밖으로 나가면 다음 날 아침 8시가 될 때까지 일에 대해서는 한치도 생각하지 않을 것처럼 생각한다. 그들은 아침에 일터로 돌아와 전날 중단한 일거리를 집어들 것이지만, 자신은 그들보다 먼저 와서 일에 대해 생각하고 계획한다.

직원들 대부분은 근면하지만, 몇몇은 지각을 하거나 일에 100퍼센트 주의를 기울이지 않고 심지어 결근을 하기도 한다. 대부분은 충실하지만, 토머스에게서 등을 돌리거나 더러는 뒤에서 그의 과거 실패에 대해 험담하기도 한다. 또 다른 사람들은 그의 원동력이나 인성을 문제 삼는다. 토머스는 이런 소수의 직원들을 신경 쓰느라 외롭고 고독하다고 느낀다. 그는 이렇게 생각한다. '나는 오랜 시간 일하고 직원들에게 일자리를 제공하며 또 그들이 성공할 수 있도록 몸 바쳐 일하고 있어.' 하지만 그에게는 끊임없이 "왜 이렇게 돌아가는 거지?"라는 의문이 생긴다. 일에 전부를 바친 토머스에게 몹시 쓰라린 고통이다.

이것은 킴레이에서의 나의 첫 20년에 관한 이야기이다. 당신이 팀 혹은 회사의 리더이거나, 사랑하는 일에 삶과 열정 그리고 영혼을 쏟아붓는 기쁨과 특권을 누려본 적이 있다면, 내가 경험한 좌절을 이해할 것이다.

리더 초기 시절에 나는 직원들보다 나 자신에게 더 집중했다. 돌아보면 내 행동 중 많은 것이 직원의 행복보다는 성공하고자 하는 나의 자존심이나 열망과 관계가 있었다. 내 주변 사람들을 위해 더 오랜 시간 일하고 희생하면 어떻게든 성공을 거머쥘 수 있을 거라 믿었다. 하지만 나는 그것이 재앙을 부르는 방법인지도 모른 채 20년간 매일 그렇게 살았다

인성을 통한 해결책

하지만 이야기는 여기서 끝나지 않는다. 당신의 팀을 위대하게 만들 방법은 있다. 희망이 있으며 터널 끝에는 빛이 있다. 우리가 직면하는 문제들은 흔히 프로그램이나 기술 또는 연장근무로 해결될 수 없는 '개인의 인성과 관련된 것들'이다. 조직 내에 인성을 중시하는 문화를 만드는 것은 이런 난제들에 대한 해결책이다. 다행히도 이 해결책은 지금까지 여러 영역에서 입증되었으며 완전한 변화를 일으킬 수 있는 방법으로 증명되었다.

'인성'에 대해서는 다양한 정의가 있다. 그러나 이 책에서 정의하는 인성은 성격이나 평판이 아니라 도덕성을 세워가는 것

이다. 사람의 태도와 언어 그리고 행동을 끌어내는 것이다.

명심하라. 인성은 리더십의 핵심이다. 기업문화를 완전히 변화시킬 수 있느냐의 성공 여부는 당신이 자신의 부족한 인성을 인식하고 고칠 수 있는지 여하에 달려있다. 인성은 위에서부터 시작된다. 하지만 당신의 개인적인 인성만이 문제가 아니다. 좋은 인성을 가르치고 인성의 본보기가 되는 일에도 신경써야 한다.

이 책은 킴레이에서 보낸 첫 20년의 다음부터 시작하여 그다음 20년 동안 이루어진 '경영혁신' 이야기를 담고 있다. 이 책에서 말하는 메시지를 적용하면 내가 자신에게만 몰두하느라 겪었던 그런 고충을 피할 수 있다. 직원과 동료의 성공에 집중하다 보면 창의성이 발현되고, 책임감이 확고해지며, 신뢰는 일상 속에 단단하게 녹아든다.

| 1장 |

회상

    나는 킴레이 본사 앞에 차를 대고 청명한 오클라호마의 하늘을 바라봤다. 활짝 핀 꽃, 잘 다듬어진 나무들, 말끔히 손질된 잔디밭의 관목을 봄바람이 흩트린다. 나는 잠시 추억에 잠긴다.

    킴레이는 석유·가스 산업에 쓰이는 밸브와 제어장치를 만들고 유통한다. 장인어른인 가먼 킴멜(1913~2008)이 1948년 8월 31일에 킴레이를 설립했다. 그는 45년간 나의 멘토이자 친구였

본사와 공장

고, 37년 동안 나의 상사이자 나의 영웅이었다.

탁월한 설계기사이며 헌신적인 기독교인이시던 장인어른은 회사에서 맡겨진 직책 때문에 가족 모두가 오클라호마 주에서 캔자스 주로 이사해야 할 상황이 닥치자, 1948년 5월 석유·가스 관련 장비 공급업체인 블랙 시볼스 브라이슨Black, Sivalls & Bryson 을 퇴사했다. 그때 그의 고용계약서에는 퇴직 후 3년간 그가 개발하는 발명품에 대한 모든 권한을 이전 고용주에게 주는 것으로 되어 있었다. 하지만 아버지 가면 O. 킴멜1세로부터 재정과 관리상의 지원을 받아서 배압 밸브 설계에 대한 권한만큼은 확보할 수가 있었다.

밸브를 재설계한 후, 킴레이는 80센티미터짜리 밸브를 생산

구형 밸브와 신형 밸브

하기 시작했다. 1948년 당시에 소형 트럭에서 이 밸브를 팔았는데, 지금도 킴레이의 주된 제품으로 남아있다. 견고하면서도 단순한 밸브는 많은 수익을 가져왔고 생산라인을 확장했다. 이 기세를 몰아 조절장치와 압축기(펌프), 가스계량기 등 가면의 특허권 30개가 새로운 제품으로 추가되었다.

2명이었던 킴레이 직원은 550명으로 늘었고, 사업 규모는 낡은 식품점을 개조한 수십 제곱미터에서 오클라호마 시 산타페 산업지구의 37만 제곱미터로 커졌다. 킴레이는 작은 유통업체에서 출발하여 세계 15개 나라에 30개의 유통업체들을 진출시킨 회사로 성장했다. 킴레이 소유의 유통업체는 사실상 세계 모든 석유·가스 시장을 점유하고 있다.

최초의 공장

현재 우리 가족은 3대에 걸쳐 킴레이를 경영하고 있다. 나의 아들 중 하나는 CEO로, 또 다른 아들은 회장으로 일한다. 어떤 가족사업이든 3대에 걸쳐 생존하기란 어려운 법인데, 킴레이가 지금까지 이어져 내려온 것은 크나큰 축복이다. 두 아들은 설립자인 외조부로부터 배운 가치관과 인성을 바탕으로 킴레이를 이끌어가고 있다. 손자들이 열정적으로 회사와 사업을 이끌어 가는 모습을 설립자이신 장인어른이 보신다면 무척 기뻐하셨을 것이다.

공장

사무실로 들어가 책상과 그 뒤의 캐비닛 그리고 벽에 걸린 액자를 훑어본다. 사무실은 사실 지난 40년 동안 달라진 것이 없

킴레이 건물, 1955년

다. 비상근으로 직책을 옮긴 후 생긴 단 하나의 변화라고 한다면, 종이와 프로젝트 관련 서류로 가득했던 책상 위가 이제는 아무것도 없이 깨끗하다는 점이다. 사무실에 상주하며 일을 보던 과거에는 책상 위가 깨끗했던 적이 없었다.

숨죽인 기계음이 공장에서 새어 나온다. 이 소리가 내 인생을 만드는 중요한 부분이다. 하루를 시작할 때마다 킴레이의 고객들을 위한 가치 있는 물건이 어디에서 만들어지는지, 그 소리가 나를 일깨워주었다. 조용한 사무실에서 걸어나가 보안경을 쓰고 기계조립공장으로 들어선다. 수천 번을 들어갔어도, 조립공장은 여전히 내게 전율의 공간이다. 수백 명의 직원들이 일사불란하면서도 조화를 이루며 일하는 광경. 기계음, 윤활유 냄새, 여러 부품들, 그리고 완성품들로 가득한 보관함을 보고 있자면 그렇

킴레이의 3대, 2004년

게 행복할 수가 없다. 성인이 된 이후, 내 옷에는 언제나 공장의 향기가 배어있었고 신발 바닥에는 공장에서 묻어난 기름과 작은 쇳조각들이 박혀있었다.

내 자리는 천공판(drill press) 오른쪽에 있는 작업대이다. 회색 쇳가루가 회전하는 아공기(drill bit) 주변에 쌓이고 공장 저쪽 편에서 한 직원이 망치를 탕탕 내리칠 때, 그 소리는 벽을 타고 울렸다. 멀리서 지게차 한 대가 작업공간을 분주히 왔다 갔다하고, 운전기사는 때때로 코너에서 경적을 울렸다.

많은 이들에게 이런 소음은 거슬리는 방해거리일 수 있지만, 내게는 마치 음악 소리 같았다. 그 소리야말로 수백 명의 '우리'

컴퓨터 수치 제어 기계

가 공동의 목표를 이루기 위해 함께 일하고 있다는 사실을 다시
금 느끼게 해주는 고마운 수단이다.

내 왼편에서 일하는 사람들은 주물*을 수평 선반 뒤에 두고,
컴퓨터 수치 제어(CNC) 기계가 둔탁한 금속을 정밀하고 반짝이
는 부품으로 바꾸어놓으면 그때 주물을 치운다. 우리 엔지니어
들은 완제품에 있어서 100분의 1밀리미터 범위의 오차만을 기
준치로 설정한다. 이 오차 범위에 벗어나는 제품은 어떤 것도 출
하되지 않는다.

---

* 鑄物: 쇠붙이를 녹인 쇳물을 일정한 형태의 거푸집에 부어 넣어 굳혀서 만듦

나는 붉은 글씨로 "고객의 기대를 뛰어넘는 신속함"이라고 쓰인 현수막 아래를 지나간다.

오른편에는 고속 컴퓨터 제어 자동공작설비가 놓여있다. 이 기계는 3개의 분리된 공장 선반을 돌아가게 한다. 주물이 각각의 작업단계를 지나갈 때마다, 컴퓨터 소프트웨어는 어떤 도구가 필요한지를 결정해 자동으로 최적의 방법을 선택한다.

또 다른 지게차가 쌩 하고 나를 스쳐 지나가고, 운전기사는 경적을 울릴 때면 미소를 지으며 고개를 끄덕인다. 나는 숨을 들이쉬며 기계의 열기와 냄새를 맡는다. 우리는 많은 절삭기를 수성 윤활유로 식히는데, 마치 갓 구운 빵이 오븐에서 나올 때처럼 마음을 따뜻하고 편안하게 해주는 냄새처럼 느껴진다.

세월이 많이 지났음에도 나는 여전히 이러한 공장의 광경에서 경이로움을 느낀다. 이런 류의 경험이 없는 사람의 눈에는 제조공장이 혼란스럽고 체계적이지 않아 보일 것이다. 하지만 실상은 전혀 그렇지 않다. 공장 내에서는 사전에 계획하지 않은 어떠한 일도 일어나지 않으며, 모든 요소들이 목적과 방향을 가지고 움직인다. 단언컨대, 헛되이 낭비되는 에너지는 없다.

잘 돌아가는 제조공장은 세상에서 가장 정밀한 조직체계이다. 각각의 근로자는 정해진 시간에 정확한 방식으로 완수해야 할 특정한 임무가 있다. 작은 무엇이든 그 조화를 조금만이라도 깼다면, 바로 큰 걸림돌이 되어 직원과 부서, 나아가 회사 전체에 영향을 미친다. 부품 하나의 생산 지연은 제품 전체의 생산 지연을 낳는다. 이러면 대금 지급도 연기되고 앞으로의 판매기회도 놓칠 수 있다. 고객에게는 언제나 다른 선택권이 있다. 그러니 우리 제품이 제시간에 도착하지 않으면 고객은 다른 제품을 사게 되고, 어쩌면 우리 제품을 다시는 구매하지 않을 지도 모른다. 여기서 최악의 사실은 바로 고객과의 약속이 깨졌다는 것이다.

나는 때때로 잘 운영되는 공장을 고성능 경주용 자동차에 비유한다. 모든 부분이 원만히 작동할 때 자동차는 한 바퀴씩 한 바퀴씩 트랙을 따라 질주한다. 그러나 가장 작은 부품이라도 역할을 제대로 못 하거나, 자동차 점검 팀원 중 한 사람이라도 실수를 한다면, 그 자동차는 불량을 일으킬 수 있고 이는 커다란 재앙으로 이어질 것이다. 경주에서 이기려면 팀 전체가 필요하다.

나는 공장 안으로 깊숙이 걸어 들어가 회색 철망 뒤 선반에 보관되어있는 물품들을 본다. 거대한 벽을 이루고 있는 이 물품들은 모두 가공되기 전의 주물이다. 이것들이 우리의 손길에 닿아 가공되고 칠해지며 조립되어 고객에게 납품될 것이다.

물품을 생산시설에 정렬하는 과정도 복잡하다. 우리는 1만 개의 각기 다른 부품을 다른 곳에서 사거나 직접 만들고 나서

창고

목록을 작성한다. 주물과 원자재는 몇 달 전에 수량을 예측해 주문한다. 언제 어떤 제품을 제조할 것인지를 우리가 가진 경험과 시장상황 그리고 직감을 활용하여 판단한다. 이렇게 대비해도 내일 당장 고객으로부터 갑자기 특정 부품을 주문하는 예상치 못한 전화가 걸려와서 상황이 복잡해질 수도 있다.

강력한 고속 밀링 기계는 공장 남쪽 벽을 따라 줄지어 서있다. 그중 높이가 2미터에 달하고 무게는 수백 톤에 이르는 '비석 같은' 기계 하나가 부품이 절삭되는 곳을 꽉 잡고 있다. 바닥까지 조이는 강한 힘으로 고정되어있지 않으면, 힘이 너무 세서 앞뒤로 움직이거나 균형을 잃은 큰 세탁기처럼 뒤뚱거릴지도 모

고속 밀링 기계

른다.

코너를 돌자, 한 기계기술자가 다가와 "잘 지내셨어요?"라며 인사를 건넨다.

"아주 잘 지내죠." 우리는 웃으며 악수를 한다. 한 사람의 손은 많은 것을 말해준다. 그의 손을 통해서 나는 그가 킴레이와 함께한 세월을 곧바로 느낄 수 있다. 우리는 공장 바닥에서 여러 번 담소를 나눈 적이 있다. 그의 눈을 보면서 나는 이 사람들이 킴레이를 만든 사람들임을 다시금 깨닫는다. 그들은 이 회사, 혹은 어느 회사에서든 참된 가치라 할 수 있다. 기계도 중요하지만, 어떤 조직이든 사람이 그 조직의 심장이자 영혼이며 마음이고 정신이다.

그 기술자는 또한 나에게 킴레이의 가족의식을 일깨워준다. 그의 조카는 공장 인근에서 일하는데, 이런 경우는 드문 일이 아니다. 가족 3~4명이 킴레이의 공장에서 같이 일하는 직원이 여럿 있다. 회사에서 사람을 필요로 할 때 많은 직원들이 친구와 가족을 추천한다. 자신이 다니는 회사를 가까운 사람들에게 추천한다는 것, 우리는 이런 점에서 자부심을 느낀다.

나는 도색공정 작업장으로 가서 거꾸로 매달려 트랙을 따라 이동하는 가공된 주물과 그것들을 칠하는 직원을 지켜본다. 도색공들은 주물을 회전시킬 때마다 압축공기를 이용한 도색총의 방아쇠를 당긴다. 그 부분은 밝은 적색 빛으로 물들고 다음 단계인 건조를 위해 트랙을 따라 멀리 나아간다.

킴레이의 붉은색은 색깔이 지니는 단순한 의미 이상을 가진다. 바로 직원과 고객을 연결하는 끈이다. 고객이 킴레이의 붉은색을 볼 때면, 각 부품에 쏟아부은 노력과 고급스러움을 알 수 있으며, 신뢰와 가치가 담긴 세월을 느낄 수 있다. 직원들은 부품을 조립하거나 출하할 때, 우리 제품을 애용하는 고객들을 섬긴다는 것이 얼마나 중요한지를 알고 있다. 출하하는 모든 제품에 직원들이 쏟은 근면성과 투지가 킴레이를 위대한 회사로 만드는 핵심이다.

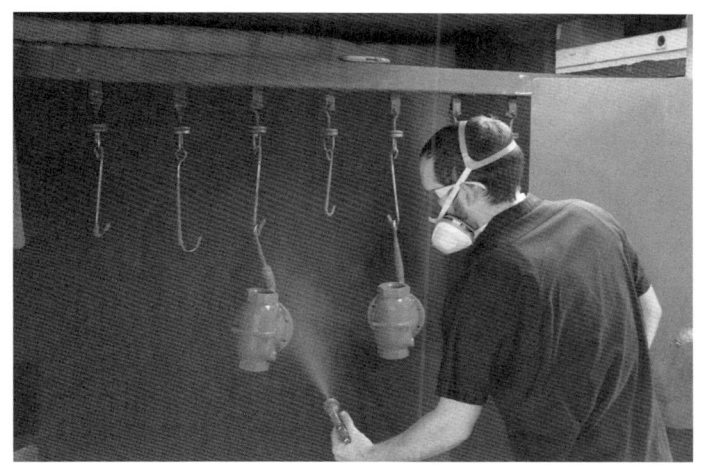

도색공정

　나는 기계들 사이를 지나 사무실로 이어지는 문으로 향하다 가 공장을 돌아보며 미소 짓는다. 지금은 쉽게 웃을 수 있다. 수 익을 창출하고 있으며, 인성을 갖춘 믿을 만하고 헌신적인 직원 들이 있고, 납품은 정시에 이루어지며, 많은 고객이 우리 제품의 열광적인 팬이다. 킴레이는 원칙에 입각한 윤리적인 방식으로 회사를 차별화시켰다. 언제나 그랬던 것은 아니다. 오히려 어떻 게 회사를 운영할 것인가에 대한 질문을 시작한 지는 그리 오래 되지 않았다.

　나는 보안경을 벗고 책상 뒤 검은 메시 의자에 앉는다. 고요 하다. 벌써 기계공장의 소리와 냄새가 그립다.

| 2장 |

기회의 씨앗

1963년 1월, 나는 친구가 소개해준 소녀를 태우러 1955년형 뷰익 스페셜을 몰고 가는 중이었다. 친구가 알려준 그녀의 집으로 가다가 진입로에서 상자를 내리는 한 중년 신사 뒤에 차를 댔다. "도와드릴까요?" 나는 물었다.

"예, 고맙소."

첫 번째 상자를 들면서 박스 위에 적힌 '킴레이'라는 글자를 보았다. 나의 양아버지는 지난 40년간 킴레이에서 기계기술자로 일하셨기에 나는 그에게 "킴레이에서 일하시나요?"라고 물었다.

"뭐…. 그렇다고 할 수 있죠. 나는 사장이라오."

나는 다시 차에 올라 진입로를 벗어나 부모님 댁으로 돌아가야만 했다. 당시에 내 나이는 열아홉 살이었고, 고등학교를 퇴학당해 해병대에 입대한 후 텍사스 주의 그랜드프레리에 머물고 있었다. 주말마다 친구와 가족을 방문하러 고향으로 가는, 그런 사람이었다. 킴레이 사장과 가족인 그 소녀는 분명 내가 넘볼 상대가 아니었다.

하지만 해병대원의 사전에 '주눅든다'는 말은 없다. 나는 박스를 그의 공장으로 마저 나른 후 그의 딸을 태우고 데이트를 하러 갔다. 나중에야 깨달았지만, 장인어른인 가먼 킴멜과 그의 딸 케이를 만난 것은 내 인생에 있어서 손꼽을 만큼 큰 2가지 축복이었다.

케이와 나는 그해 7월에 결혼했다. 같은 해에 나는 해병 준위로 임명되어 F-4B 팬텀 전투기의 뒷좌석에서 레이더 요원으로 훈련받았다. 1965~1966년간 베트남에서의 복무기간을 포함해 해병대에서 7년을 근무했다.

1967년 12월, 나는 해병대에서 제대해 조지아 주 브런즈윅에서 오클라호마 주 스틸워터로 케이와 두 아들을 데리고 이사를

남베트남에 배치된 VMFA-323 해병 항공대에서 근무하던 시절, 1966년

했다. 대학 전공을 몇 번 잘못 선택하는 시행착오를 거친 뒤 적
성검사를 통해 전기공학과를 택했다.

제대군인 지원 프로그램의 도움을 받으며 대학을 다녔는데,
생계를 꾸리기 위해 여름마다 장인어른 밑에서 다양한 프로젝
트와 독특한 일들을 했다. 장인어른에게는 딸이 셋 있었고, 아들
은 없었다. 내 경우는 아버지께서 내가 태어나기 3주 전에 기차
사고로 돌아가셨다. 그래서인지 장인어른과 나는 친밀한 관계를
맺기가 수월했다. 그렇기는 하지만 6년의 기간 동안 그를 '킴멜
씨' 외에 다른 호칭으로는 한 번도 부르지 않은 채 그의 밑에서
일했다.

가슴 설레는 출발

1971년 5월 졸업식을 몇 달 앞두고, 장인어른은 나에게 킴레이에서 애플리케이션 엔지니어로 일할 것을 제안했다. 일말의 망설임도 없이 나는 그 제안을 받아들였다. 지금껏 학교나 군대에서만 지내온 내게 비즈니스의 세계로의 입성은 가슴 뛰는 일이었다.

1970년대는 전 세계적으로 석유가 부족한 때였다. 모든 석유 관련 기업들에게 특별한 시기였다. 특히 휘발유의 부족으로 주유소에는 사람들이 늘 길게 늘어서있었다. 사람들은 휘발유를 사고자 몇 시간이고 기다렸다.

새 유전을 찾으려는 석유·가스 탐사는 사상 최고조에 다다랐다. 따라서 우리 제품에 대한 수요도 킴레이 역사상 찾아보기 힘들 정도로 높았다. 매출은 오로지 우리의 제조능력에 달려있었다. 만들기만 하면 팔 수 있었으니 말이다. 회사가 급속히 성장한다고 해서 영업직원을 늘릴까 고민할 필요도 없었다. 우리가 홍보하기 이전에 고객이 직접 찾아왔기 때문이다. 킴레이는 1971년 64명의 직원에 450만 달러의 매출에서, 1981년 285명의 직원에 3천만 달러의 매출을 올릴 만큼 규모가 확장되었다.

석유 산업의 급속한 성장으로 인해 해박한 지식과 숙련된 기술 모두를 겸비한 직원이 점점 부족해졌다. 전국 각지에서 너무

석유 및 휘발유 탱크의 열

많은 유전이 발견되다 보니, 이 모두를 맡아서 일할 적합한 인재가 충분치 않았다. 이 문제를 해결하고자 나는 곳곳에 있는 유전을 돌며 우리 제품을 제대로 설치 및 작동시키는 법을 교육하도록 파견되었다. 나는 유전에서 일하는 근로자들과 대부분 시간을 보냈는데, 이는 석유·가스 산업을 직접 배울 수 있는 절호의 기회였다. 하지만 그때 당시에 나는 사람을 이끄는 법은 많이 배우지 못했다.

　1977년, 30년에 가까운 시간 동안 킴레이에서 일해온 최고경영층 몇 명이 사임했다. 장인어른은 최고의 엔지니어이자 발명가였지만, 일상적인 회사 경영에는 욕심이 없었다. 하지만 그는 회사가 가족사업으로 계속해서 운영되기를 바라는 꿈을 가지고 있었다. 장인어른이 어느 날 나를 사무실로 불렀다.

장인어른은 해병대에서 보낸 시간부터 결혼생활, 자녀양육, 일 그리고 8년간 그를 멘토로 삼아 배웠던 시간들이 내 인성이 성장하는 기회였다고 말하며, 나에게 부사장으로 근무할 마음이 있는지를 물었다. 우리의 긴밀한 관계를 밑바탕으로 지금 내게 부족한 경험과 지혜를 전수해주겠다고 확언했다. 나는 즉시 그 제안을 받아들였고, 불타는 열정과 열의 그리고 의지력으로 최선을 다했다. 하지만 안타깝게도 이러한 자질들이 장인어른의 오랜 경험을 대신해줄 수는 없었다.

킴레이에서 일해온 사람들 중 대부분은 좋은 인성을 갖춘, 즉 그날그날 주어진 일을 정직하게 하는 사람들이었다. 하지만 직원의 숫자와 수익이 늘어나면서 문제도 함께 커졌다. 나는 우리 직원들에게 무슨 일이 일어나고 있는지를 주의 깊게 관찰하는 데에 시간을 들이지 않았다. 그래서 신입직원들이 우리 회사를 달라지게 한다는 것을 깨닫지 못했다.

"썩은 사과 하나가 사과 한 상자를 다 망친다"라는 속담이 있다. 몇 달 과정으로 입사한 몇몇 직원이 오랫동안 조심스레 일구어온 회사의 심장과 영혼을 파괴할 수도 있다. 하지만, 당신은 가끔 당신 자신이 썩은 사과일 수 있다는 사실을 모른다. 상자

탐과 킴레이의 인사부 관리자 낸시 라이스, 1977년

뚜껑을 열어 사과 썩는 냄새를 맡기 전에는 썩은 사과가 있는지 조차도 모른다. 시간이 얼마 흐른 뒤에야 썩은 사과, 즉 나쁜 태도와 행동을 보이는 신입직원이 있다는 것을 알게 된다.

사과상자 들여다보기

어느 날 아침, 직원들이 일선 관리자 사무실 밖에 긴 줄을 지고 서있는 것을 보았다. 그 줄이 없어진 후, 나는 무슨 문제인지 관리자에게 물었다. "직원들이 지각을 합니다. 지각한 사람들은 왜 정시에 오지 못했는지를 설명하고 출근 카드를 찍은 후, 일을 시작하기 전에 제 허락을 받아야 합니다"라고 말했다.

너무 놀라 말이 나오지 않았다. "그런 건 고등학생들이 지각했을 때나 하는 일이죠. 수업 중에 교실로 들어가도록 허락을 받는 일 말입니다." 이들은 성인이지 학생이 아니었다. 왜 그렇게 많은 직원이 늦게 오고, 어떤 직원은 결근까지 하는가?

또한 관리자는 직원이 늦은 이유를 자신이 받아들이지 않거나 직원이 습관적으로 늦으면, 월급을 주지 않고 집으로 돌려보내거나 해고한다고 했다. 이런 처벌은 직원에게 상처를 주는 만큼 회사에도 상처를 입힐 것이란 생각이 들었다. 일하는 직원이 적어진다는 것은 그만큼 근무시간이 줄어든다는 뜻이고, 제조되는 제품이 줄어든다는 것은 수익도 낮아짐을 뜻했다.

다음 날 아침 일찍 사무실에 전화벨이 울렸다. 한 여성이 성난 목소리로 수화기 저편에서 소리를 질러댔다. 야간 근무자인 남편이 지금 막 일터에서 돌아왔는데 친구에게서 구한 마약을 킴레이에서 흡입한 후 약에 취해있다는 말을 했다. 게다가 이런 일이 처음이 아니라는 것이다. 나는 곧 직원 몇 명이 마약을 도시락과 라디오에 담아 몰래 들여온다는 것을 알게 되었다. 우리는 신속히 약물 검사를 시행한다는 규칙을 정했다. 검사를 통과하지 못하면 해고였다.

얼마 후, 한 친구가 나에게 벼룩시장에서 누군가가 킴레이의 압력계가 장착된 소형 휴대용 공기탱크를 파는 것을 보았다고 일러주었다. 우리는 압력계를 그런 용도로 판매하지 않기 때문에 도난당한 것이라고 밖에는 설명할 길이 없었다. 조사를 해보니, 한 일선 관리자가 부품과 밸브 전체를 가져다가 뒷문으로 몰래 빼낸 후 교대근무가 끝나면 가지고 나온 물품들을 재조립한 후, 최고 입찰가로 불법판매를 해온 정황이 드러났다.

사과상자의 뚜껑이 열린 것이다.

| 3장 |

썩은 사과와 규칙

킴레이의 부사장이 된다는 것은 흥분되는 일이었다. 가슴 뛰는 도전과 리더로서 받게 될 보상들을 기대하면서 가슴이 뛰었다. 하지만 회사의 모든 문제들이 내 주변에서 소용돌이쳤고, 그것은 극도의 스트레스로 내게 다가왔다. 어느새 나는 무력한 마음만을 가지고 있었다. 해병대 시절 받은 훈련대로 신속하고 과단성 있는 행동으로 문제를 해결할 수 있기를 바랐다. 나의 지시하에 직원들은 잘못된 행동을 볼 때마다 그것을 금지하는 새로운 규칙을 제정함으로써 거기에 대응했다. 규칙위반에 대한 조치는 강도가 점점 더 강해져갔다.

변기 위에 올라서지 마시오

어느 날 늘어만 가는 규칙들을 검토하다가 이해할 수도 없고 좀처럼 믿기도 힘든 1가지 규칙을 보았다. '좌변기에 올라서면 당신은 해고될 것입니다.' 나는 생각했다. '이게 진짜 규칙일까?' 착각한 것은 아닌지 확인하기 위해 다시 읽어보았다.

나는 공장의 일선 관리자에게 설명을 부탁했다. "그것은 좋은 규칙이며 꼭 있어야 합니다"라고 그는 말했다.

우리 '썩은 사과' 중 몇몇은 변기에 앉은 채로 잠이 든다는 것이다. 일선 관리자는 누군가가 없어진 것을 알아채면 그 직원을 찾기 시작했다. 이런 수색작업은 관리자가 화장실 문 칸 아래로 나온 발을 발견해 적발하는 것으로 이어지곤 했다. 몇 번을 확인했는데도 움직임이 없으면, 그 직원은 잠든 것이 분명했다. 그래서 새로운 규칙이 제정되었다. 이른바 '변기 위 수면 금지.' 하지만 우리의 '썩은 사과들'은 근무를 회피하는 일에 더 창의적이었다(그만큼의 솔선과 의지력을 일하는 데에 보여준다면 좋을 텐데!).

그들은 여전히 화장실에서 잠들면서도 발각되지 않았다. 그 비결 아닌 비결은 좌변기에 발을 둔 채 변기 뒤쪽 물탱크 위에 앉아있는 것이었다. 이런 행동은 또 다른 규칙을 낳았으니, 바로 '변기 위에 올라서는 행위 금지'였다. 직원들이 변기 위에 올라서지 못하도록 우리가 이런 규칙을 만들 거라고 누가 상상이나 할 수 있었겠는가?

악순환

우리는 바람직하지 않은 행동을 금지할 규칙을 만듦으로써 문제를 예방할 수 있다고 믿었다. 그러나 그저 규칙만으로는 문제가 발생하는 걸 멈추게 할 수 없었다. 규칙은 단지 '썩은 사과들'이 규칙을 피해갈 더욱 더 창의적인 방법을 찾게 할 뿐이었다. 우리는 문제를 찾기만 하는 순환고리에 자물쇠를 채웠다. 규칙을 만든 뒤 '썩은 사과들'이 그 규칙을 교묘히 피해가기 시작하면, 또 다른 규칙을 새로 만들어내는 악순환이 반복되었기 때문이다.

제조·배송 등 일과 직접적인 관련이 있는 문제의 해결보다 규칙을 만들고 강화하는 데에 더 많은 시간을 쏟은 만큼 수많은 새로운 문제가 나타났다. 납품과 신규 주문에 대해 우리에게는 42주의 리드 타임*이 있었다. 즉각적인 제품 배송을 하지 못하면

---

* lead time: 제품 생산 시작부터 완성까지 걸리는 시간

동일하진 않아도 비슷한 제품을 제조하는 5개의 경쟁사들에게 기회를 주게 되었다.

제조와 배송 쪽으로 사업의 초점을 돌리려고 하면, 인사부장이 또 다른 문제로 우리의 주의를 끌었다. '썩은 사과' 소그룹이 정기적으로 점심을 같이 먹으며 술이 섞인 탄산음료잔을 들고 공장으로 돌아왔다. 그들 중 하나가 인사부장이었고, 인사부장은 자신이 좋아하는 사람을 중심으로 업무를 배정했다. 인사부장의 친구들은 편한 업무를 배정받는 반면, 나머지 직원들은 달갑지 않은 업무를 배정받았다. 우리는 그 상황을 조사했고 그들을 불러 해고했다. 그러나 문제는 거기서 끝나지 않았다. 사실관계를 입증했음에도 불구하고 명예훼손으로 고소당한 것이다(소송은 후에 취하되었다).

나는 킴레이에서 벌어지고 있는 일들을 도저히 믿을 수가 없었다. 우리는 훌륭한 직원들과 함께 위대한 회사를 시작했었건만, 생산성과 사기는 사상 최저가 되었고, 4년 동안 네 번이나 가격을 인상했음에도 이윤은 거의 늘지 않거나 오히려 줄 때도 있었다.

'썩은 사과' 골라내기

석유·가스사업은 오랫동안 안정적으로 지속되는 법이 없다. 극심한 불황과 호황의 주기가 반복된다. 호황기는 어느 지역에서든 짧게는 2년에서 길게는 10년 동안 지속된다. 호황기에는 실업률이 전 지역적으로 낮아져서 그만큼 좋은 직원을 뽑는 일이 만만치 않다.

1979년 오클라호마 주의 실업률은 3.5퍼센트였다. 일할 사람을 찾아서 고용하고 유지하기가 불가능해 보일 정도로 어려운 시기였다. 우리가 찾을 수 있는 사람은 어떻게 해서든 찾아내 고용했고, 뽑은 직원을 놓치지 않기 위해 가능한 모든 일을 다 했다. 신문광고나 직업소개소, 공장 게시판을 통한 전통적인 방식으로 직원을 채용하기도 했었다.

그러나 이런 방법으로는 입사지원서를 그다지 많이 받지 못했다. 그래도 들어온 입사지원서 중에서 기계공장이나 제조공장에서 일한 경력이 있는 사람들을 살펴보았다. 혹은 기계나 제조 분야와 관련하여 해당하는 교육이나 훈련을 받았는지도 검토했다. 훌륭한 직원들을 더 많이 뽑기 위해서 때로는 지원자의 능력과 인성을 증명해줄 믿을만한 추천서를 요구하기도 했다. 그들의 이력을 완전히 확인할 수 없는 경우라 해도 잠재역량을 가진 신규직원을 채용한다는 것만으로도 기뻤다.

하지만 시간이 지날수록 명확해진 것은 일부 신규직원들이 기업의 문화를 바꾸어놓았다는 것이다. 이러한 문제들이 계속 일어나는 원인 중 하나는 바로 나였다. 나 또한 신규직원들을 위한 리더십을 발휘하지 못하고 우리의 핵심 가치를 공유해주지도 못했으니 그런 변화에 암묵적으로 일조한 셈이었다. 그렇게 회사 깊은 곳에서부터 늘어나기 시작한 몇몇 '썩은 사과들'은 좋은 직원들을 힘들게 했고 킴레이가 수십 년에 걸쳐 세워 놓은 인성 중심의 문화를 망쳐놓았다. 우리는 그 문화를 돌려놓을 방법이 필요했다. 그 썩은 사과들을 골라내고 좋은 사과를 더 많이 만들 수 있는 그런 방법을 찾으려고 노력했다. 그리고 마침내 그 방법이 우리 회사를 위대하게 만들었다.

4장

지혜

킴레이에서의 문제는 날마다 늘어나는 듯했다. 가끔은 더 이상 손쓸 수 없는 지경에 이른 것처럼 보였다. 어느 날 친구에게 우리 회사가 직면한 시련과 이를 해결하려 얼마나 노력했는지를 한탄하듯 이야기했다. 친구는 내가 가지고 있던 리더로서의 관점을 송두리째 바꾸는 충고를 해주었다.

우리는 지금까지 각각의 사안을 분리된 문제로 다루었고, 각 문제를 위반할 경우 강한 처벌을 수반하는 개별 규칙을 만들어냈다. 이런 생각을 하다가 늘어만가던 우리 규칙서가 떠올랐고, 변기에 올라서는 것을 금지하던 엉뚱한 규칙까지 기억났다.

우리는 직원들의 행동을 바꿔보려다가 직원들이 처한 환경을 나쁜 방향으로 바꾸거나 처벌로 겁주려는 규칙을 만들어왔다. 하지만 이것들은 표면적인 문제를 짚고 있을 뿐, 근본적 원인은 파악하지 못한 셈이었다. 즉, 보이는 증상만 치료하고 병의 원인을 치료하지 못한 것이다. 우리가 처한 모든 문제는 겉으로는 달라 보였지만 공통된 근본적 원인을 가지고 있었다. 그 근본적 원인이란 '좋은 인성의 결여'였다. 해결책은 각 문제들을 개별 사안으로 보지 않고 인성의 결여에서 비롯된 현상으로 다루는 것이었다.

주변에서도 이러한 문제 사례를 찾을 수 있다. 과일나무는 종류대로 열매를 맺는다. 오렌지나무는 오렌지를, 사과나무는 사과를 맺는다. 아무리 애를 써도 당신은 사과나무에서 오렌지를 얻을 수 없다. 우리는 형편없는 인성의 사람에게서 좋은 열매가 나오리라는 헛된 기대를 한 것이다.

나무는 그 열매로 알 수 있고,
사람은 그의 행동으로 알 수 있다.   **성 바실**

나쁜 인성은 나쁜 열매, 즉 나쁜 태드와 언어 그리고 행동을 맺는다.

나쁜 열매의 예

무질서의 열매는 분열

거절의 열매는 분노와 원망

속임의 열매는 도둑질

변덕의 열매는 낮은 생산성

저항의 열매는 자기중심

지체의 열매는 저조한 출근률

무책임의 열매는 태만

부주의의 열매는 예방 가능했던 사고의 발생

탐닉의 열매는 알코올의존증과 약물 남용

탐심의 열매는 감사하지 않음

무심함의 열매는 품질 저하

우리가 참아온 모든 부정적인 행동인 썩은 열매는 같은 뿌리의 문제, 즉 형편없는 인성에서 비롯되었다. 그동안 우리는 인성 문제를 다루기 전까지는 절대 좋은 열매를 거두어들일 수 없음을 깨닫지 못한 채, 나쁜 열매를 금지(규칙 제정)함으로써 이 문

나쁜 열매

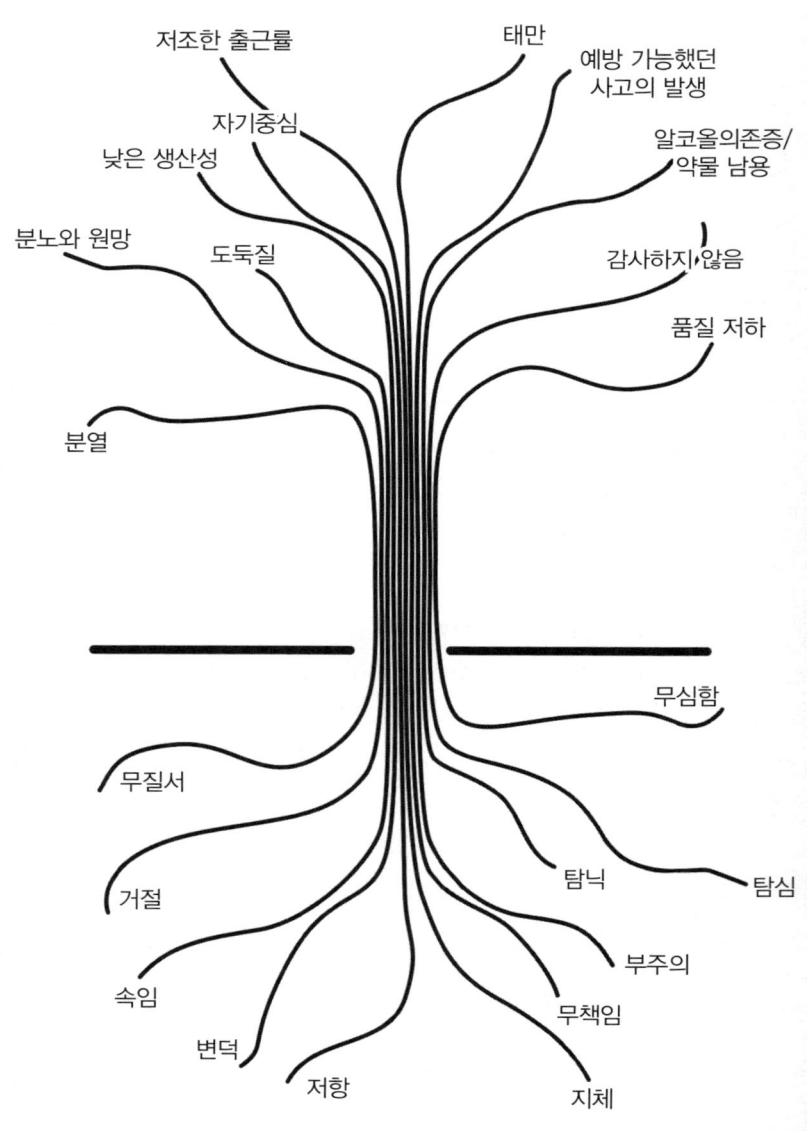

나쁜 인성

제들을 해결하려고 했던 것이다.

모든 문제의 해결책은 직원들이 좋은 인성을 계발하도록 북돋우는 것이었다. 그러면 달라진 열매로 우리의 성공 여부를 알 수 있을 것이다. 좋은 인성 시스템을 개발한다면, 그 열매는 좋은 태도와 좋은 언어 그리고 좋은 행동으로 이어질 것이다.

좋은 열매의 예

정돈의 열매는 조직화
용서의 열매는 원한을 품지 않는 마음
진실성의 열매는 신용
신뢰성의 열매는 높은 생산성
유연성의 열매는 협동심
시간 엄수의 열매는 높은 출근률
책임감의 열매는 신뢰
경각심의 열매는 사고율 감소
절제의 열매는 약물 남용으로부터의 자유
만족의 열매는 감사하는 마음
경청의 열매는 양질의 업무

인성을 강조하면 규칙에 덜 의존하게 될 것이고, 관리자는 인

좋은 열매

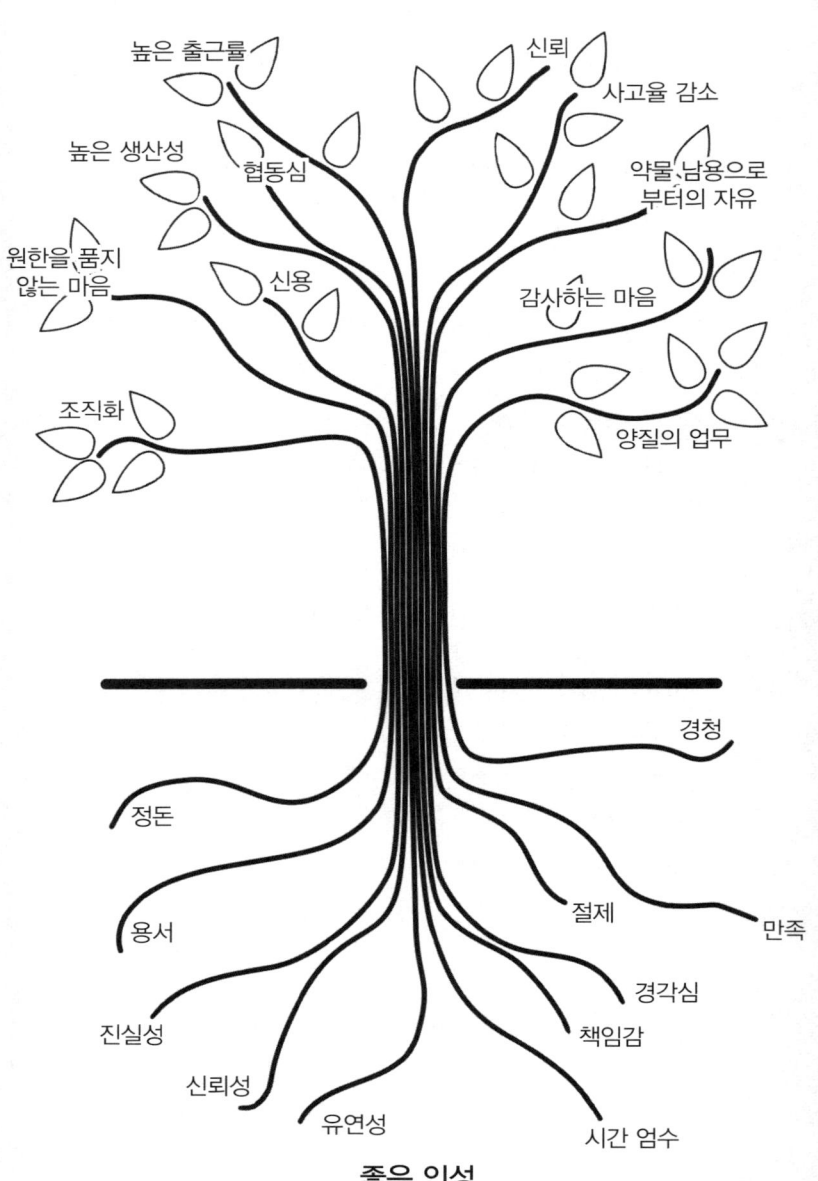

높은 출근률

신뢰

사고율 감소

높은 생산성

협동심

약물 남용으로 부터의 자유

원한을 품지 않는 마음

신용

감사하는 마음

조직화

양질의 업무

경청

정돈

용서

절제

만족

경각심

진실성

책임감

신뢰성

유연성

시간 엄수

좋은 인성

사문제 대신 제조 쪽 업무에 초점을 맞출 수 있게 된다. 우리는 이 새로운 패러다임을 '캐릭터 퍼스트Character First(인성 중심 조직 문화 조성)'라고 이름 붙였다. 우리 킴레이에서는 캐릭터 퍼스트를 20년째 시행하고 있는데, 그 결과는 매우 놀라웠다.

한 예로, 우리는 단 2년 만에 산재보상비용의 80퍼센트를 절감했다. 당시에는 이것이 예외적인 일이라 생각했었지만, 이후 또 다른 회사가 캐릭터 퍼스트를 적용해 2년간 산재보상률을 90퍼센트 낮추는 경험을 했다.

어떻게 인성을 강조하는 것이 산재보상비용을 줄일 수 있을까? 많은 사람들은 대부분의 작업 중 사고가 열악한 근무환경 탓이라 생각한다. 누군가가 현장에서 다치면, 바닥에 미끄러운 곳이 있었거나 기계가 오작동을 일으켰으리라 추측한다. 사실 과거에는 그런 경우가 많았지만, 요즘은 흔치 않다. 회사들이 현장에서의 사고를 최소화하려고 노력하다 보니 산업재해의 원인을 밝혀 근절시키는 연구가 많이 이루어졌기 때문이다. 그 결과는 매우 놀랍다.

산재보상비용의 감소를 경험한 직후 나는 HRH(현재 윌리스 HRHWillis HRH로 알려진) 보험회사에서 편지 한 통을 받았는데, 그것은 산재보상비용 중 단 6퍼센트만이 근무환경에 의한 것이라는 내용이었다. 2퍼센트는 흔히 '불가항력'이라 불리는, 말 그대로 '제어가 불가능한 사건'의 결과라고 했다. 결과적으로 전체 산재보상비용 중 나머지 92퍼센트는 직원의 과실, 사기적이거나 과잉 보험금 청구에 그 직접적인 원인이 있을 수 있다는 것이다.

다음 몇 달 간나는 현장 사고를 다루는 기사를 더 많이 보았다. 〈인더스트리 뉴스 *Industry News*〉지에서는 모든 부상 중 80퍼센트가 인적 과실로 인한 것이지 근무환경 때문이 아니라고 했다. 와이엇Wyatt 사(현재 타워스 왓슨Towers Watson 으로 알려진 글로벌 컨설팅회사)의 한 연구는 산업재해로 인한 입원 중 30퍼센트가 불필요한 것임을 밝혔다. 또 다른 연구는 전체 병원비 가운데 80퍼센트의 지불 내역이 사실과 다르며, 그중 3분의 2는 과잉 비용임을 지적했다.

보험료에 관한 다른 기사를 보면 "배선 결함이라든지 기계설비의 조악한 설계나 정비 불량 또는 비상시에 사용하는 장비의 작동 불가 등은 회사 손실 발생 요인의 미미한 부분에 지나지 않는다. 인적 과실이 전체 화재 손실의 거의 절반과 산업재해의 90퍼센트를 차지한다"고 전했다.

이 모든 연구보고서에 따르면 과실, 사기, 인적 과오 및 과잉 청구를 줄일 수 있다면 보통 회사들은 작업 관련 사고와 산재보상비용 중 80~90퍼센트를 없앨 수 있었다.

이러한 사안들은 어떤 직원들의 형편없는 인성과 연관되어 있다. 과실은 경각심이 부족하거나 경청을 잘 하지 않거나 조심성이 결여된 결과이다. 그것은 또한 우리가 적절한 규칙과 절차를 따르지 않았고 지키지도 않았음을 보여준다. 사기는 "신실하지도 진실하지도 않다"의 다른 말이다. 인적 과오는 주변환경에 조금 더 신경 쓰고 지시사항과 안전규칙에 조금 더 주의를 기울이면 줄일 수 있다. 과잉 보험금 청구는 부상의 범위와 사고가 발생한 장소를 보고하는 데 있어 진실하지 않은 데 따른 결과이다. 또한 그것은 자신의 행동에 책임을 지려고 하지 않음을 보여준다.

산재보상비용이 급감하면서 인사문제는 줄어든 반면, 직원들의 사기와 생산성은 급상승했다. 몇 년 동안 킴레이는 기록적인 수익을 냈고, 90퍼센트 이상의 정시납품률을 기록했다. 고객들은 우리 직원들과의 상호작용에 있어 긍정적인 변화를 알아차렸다. 몇몇 고객은 우리에게 회사 내에서 달라진 점이 무엇인지 물었고, 이윽고 우리는 다른 회사들이 캐릭터 퍼스트를 시행할 수 있도록 그들을 훈련하기 시작했다.

지난 4년 동안 우리는 연평균 25퍼센트의 성장을 달성하고 있다. 오클라호마 시 상공회의소는 우리를 가장 급성장하는 기업 중 하나로 인정했고 4년 연속 '50대 기업(Metro 50)'으로 선정하고 있다. 그 4년 중 몇 년간 킴레이는 그 명단에 오른 유일한 제조업체였으며, 유일하게 창립한 지 60년이 넘은 회사였다.

킴레이는 '가장 일하기 좋은 회사' 명단에 오르고 있으며, 오클라호마 윤리재단으로부터 컴퍼스Compass상을 받았다. 우리 회사에서는 현재 500명의 직원이 일하고 있으며, 연간 수익은 1억 5천만 달러가 넘는다.

캐릭터 퍼스트가 킴레이 발전의 유일한 이유는 아니지만, 직원들이 성장하고 그들이 회사와 가족 그리고 지역사회에 이바지하도록 돕는 인성 중심의 문화를 조성할 수 있게 해주었다. 이것은 우리 회사가 타의 추종을 불허할 정도로 빠르게 성장하도록 했다. 우리 경영자들은 이제 인사문제에 과도한 시간을 들이는 대신에 제조·납품문제 해결에 시간을 투자할 수 있다. 그것은 정말로 우리의 기업문화를 바로잡아주었고, 킴레이가 다시 위대한 기업이 되게 해주었다.

5장

인성이란 무엇인가?

킴레이의 문화를 회복시킨 열쇠는 좋은 인성을 가르치기 시작한 것이었다. 우선, 이 개념을 현실화하기 전에 3가지 중요한 질문에 답할 필요가 있었다.

① 인성이란 무엇인가?
② 자신의 인성이나 타인의 인성을 계발하거나 변화시킬 수 있는가?

③ 인성을 계발하거나 변화시킬 수 있다면, 어떻게 그렇게 하겠는가?

인성과 혼동하지 말아야 할 것들

사람들은 인성의 의미에 대해 혼란을 겪는다. 그렇기에 인성을 알아보는 출발점으로 "과연 무엇이 인성이 아닌가?"를 이야기하려 한다.

평판은 인성이 아니다

미국 건국의 아버지 중 한 사람인 토머스 페인Thomas Paine이 이 말을 명쾌하게 잘 설명했다. "평판은 다른 사람들이 우리에 관해 어떻게 생각하느냐이지만, 인성은 하나님과 천사들이 우리에 관해 알고 있는 것이다."

어떤 사람에 대해 잘 모를수록 우리는 평판에 의존하게 된다. 그에 대한 글을 읽거나, 텔레비전에서 보거나, 그 사람이 말하는 것을 듣거나, 다른 사람의 이야기를 들으면서 그 사람을 인식하는 것이다. 어떤 이에 대해 알아갈수록, 그 사람의 인성과 평판이 더 밀접하게 연관지어진다.

직업상 나는 많은 사람을 만나는 축복을 누리고 있다. 직접 만나기 전에 나에 대해 듣거나 관련 기사를 읽었다면 그 사람들은 나의 평판을 알게 된 것이다. 하지만 내 인성이 어떤지는 알지 못할 것이다. 단지 평판에만 의존하기 때문이다.

킴레이의 직원들은 나의 인성이 어떤지를 자세히 알 수 있다. 정기적으로 만나면서 각기 다른 상황에 대응하는 내 모습을 쭉 지켜봤기 때문이다. 직원들이 내리는 나의 평판은 내 실제 인성에 가까울 것이다.

우리 아이들에게는 나에 대한 평판과 인성이 뒤섞여있을 것이다. 하지만 아내에게는 나에 대한 평판과 인성이 완전히 맞물려 있을 것이다. 우리는 거의 50년간 결혼생활을 지속하는 축복을 받았다. 나를 너무나 소상히 알고 있으므로, 나에 대한 평판과 인성이 그녀에게는 같은 말이다.

성격은 인성이 아니다

성격은 선천적인 행동상의 특성이다. 아내와 나는 이것을 우리 20명의 손주들에게서 생생하게 느낀다. 20명 모두 서로 다르고 독특한 성격을 갖고 있다. 그 어떤 아이도 다른 아이와 같은 성격을 가지고 있지 않다. 어떤 아이들은 놀면서 노래 부르기를 좋아하지만, 다른 아이들은 조용하다. 어떤 아이들은 외향적이고 낯가림이 없는 반면, 다른 아이들은 내성적이다.

모든 성격 유형은 좋은 인성을 드러낼 수 있다. 한 예로, 수줍음을 타는 손녀라도 남을 환대하는 친절함과 대담함을 가질 수 있다. 일부 성격적 특성이 그녀의 전반적 성격과 다르더라도 좋은 인성을 가질 수 있다는 말이다.

종교는 인성이 아니다

많은 사람이 인성을 종교적인 용어로 정의하지만, 종교가 없을 수는 있어도 누구에게나 인성은 있다. 나는 수십 개 나라에서 불교, 기독교, 유대교 그리고 이슬람교와 같이 다양한 종교인들과 대화할 수 있는 특권을 가진 적이 있다. 내 경험으로 볼 때 모든 종교는 인성을 매우 중요하게 여긴다. 몇몇 종교가 다른 종교보다 인성을 좀 더 강조하긴 하지만, 모두가 인성을 중요하게 여기는 것은 변함없고, 그들이 생각하는 '도덕적'이거나 '올바른' 것으로 인성을 규정한다.

그렇다면 인성이란 무엇인가?

인성은 어떤 대가를 치르더라도 옳은 것을 선택하려고 하는, 옳고 그름에 대한 내적 동기이다. 도덕적 결과가 따르는 선택에 직면할 때, 좋은 인성은 옳은 결정을 하도록 우리를 이끈다.

캐릭터 퍼스트의 핵심 용어

인성: 어떤 대가를 치르더라도 옳은 것에 헌신하려고 하는
옳고 그름에 대한 내적 동기

명망 있는 사람이 소유한 전 재산 가운데
인성만한 보화는 없다.　　　　　　　　　**헨리 클레이**

내항 시스템

　고성능 항공기 팀의 일원이 되는 교육을 하는 데에는 시간이 많이 걸린다. 해병대에서 F-4B 팬텀 전투기로 처음 비행할 때, 우리는 대낮과 맑은 날에만 유시계비행(VFR) 방식으로 비행하도록 허용받았다.

　한밤중이나 구름 속에서 비행하는 일은 조종사에게 매우 위험하다. 기준점이 없어 방향을 쉽게 잃기 때문이다. 그러한 이유로 자신의 감각을 단호히 내려놓고 항공기의 계기를 믿게 하기 위해 훈련 중 많은 부분이 우리가 기계를 신뢰하도록 확신을 갖는 데에 할애되었다.

　기체 외부의 상황이나 자신의 감각이 알려주는 것에 상관없이, 조종사가 방향을 유지하게 하는 2가지 주요 기계가 있다. 그중 하나는 나침반이다. 나침반은 조종사에게 비행기가 동서남북 어느 방향으로 나아가야 할지를 알려준다. 또 다른 하나는 자세 지시기이다. 그것은 조종사에게 기체를 왼쪽으로 기울일지 오른쪽으로 기울일지를 알려줄 뿐 아니라 비행기의 기수를 올려야 할지 낮추어야 할지도 알려준다.

조종사의 감각은 비행기가 옳은 방향으로 향하고 있다고 말할지 몰라도, 조종사는 확실성을 위해 나침반과 자세지시기를 보아야 한다. 그래야만 안전하게 목적지에 도착할 수 있다.

우리의 인성도 이와 같다. 우리가 좋은 인성을 우리 삶에서 만들어나갈 때, 상황은 우리가 올바르게 가고 있다고 말할지 몰라도, 우리 내면의 나침반은 "아니, 그것은 옳은 일이 아니야"라고 알려준다. 어떤 선택을 앞에 놓더라도 좋은 인성을 가진 자는 흔들림이 없다.

인성이 그 사람의 운명이다. **헤라클레이토스**

내면의 다림줄

인성에 비유할 또 다른 것은 다림줄인데, 이는 끝에 뾰족하고 무거운 추가 달린 줄이다. 벽돌공들, 석공들 그리고 목수들은 짓고 있는 건물이나 일감이 '잘 다림되었는지', 또는 완벽하게 수직인지를 확인하기 위해 고대 이집트 시대부터 이 기구를 사용했다. 좋은 인성은 우리의 행동이 '올바른지'를 알려주는 다림줄과 같다.

좋은 인성은 나침반, 자세지시기 그리고 다림줄처럼 환경과 상관없이 당신을 옳은 방향으로 이끌어줄 절대적인 것이다.

작은 목소리

우리 모두는 양심을 가지고 있다. 그리고 인성은 양심에 의해 움직인다. 좋은 인성은 강한 양심을 길러주고, 또한 어떤 결정을 할 때에 양심의 소리에 귀 기울이는 법을 알고 있다. 선택에 직면하면 어떤 과정이 머릿속에서 일어난다. 그것은 마치 "어서 해. 사소한 일일 뿐이야. 해봐. 재미있을 거야"라고 말하는 목소리와 같다.

그러면 또 다른 목소리가 "아니야. 그러지 마. 옳은 일이 아니야!"라고 말한다. 설령 사소한 일이라 할지라도 끊임없이 옳은 일을 하는 것은 좋은 인성에 힘을 실어줄 강한 양심을 계발시킨다.

인성은 중대한 시기에 분명히 드러나지만,
그것은 사소한 순간에 형성된다.
필립 브룩스

반면에, 잘못된 일을 반복함으로써 우리의 양심은 비뚤어질 수도 있다. 그리고 이 잘못이 당신의 마음 안에서 옳은 일인 양 굳어져버린다. 결국, 양심의 경고를 계속 무시하면, 양심은 우리에게 말하기를 멈출 것이다. 이것이 바로 좋은 인성이 무엇인지를 지속적으로 상기시켜야 하는 이유이다. 그래야지만 우리는 옳은 선택을 할 수 있고 작은 일을 대할 때도 옳게 할 수 있다.

당신의 삶에 형성된 자질

캐릭터 퍼스트는 인성에 대해 더욱 정석적인 정의를 사용하는데 그것은 다음과 같다. "개인의 삶 속에서 제대로 형성된 자질이 상황과 상관없이 그 사람의 반응을 결정한다."

인성을 시험해보는 좋은 방법은 우리가 하는 일을 누구도 알지 못할 거라 생각하게 만든 상태에서, 힘든 시기에 도덕적 또는 윤리적으로 어려운 질문을 하고 이에 대해 어떻게 반응하는지를 보는 것이다.

> 아무도 보는 사람이 없을 때 하는 행동이
> 그 사람의 진짜 인성이다.　　**토머스 바빙톤 맥콜레이 남작**

나는 이 개념을 "한 사람의 인성은 치약의 튜브와 같다. 그것을 짜내기 전까지는 그 속에 무엇이 있는지 모른다"라는 말로 중국 베이징에서의 세미나에서 설명했다.

청중 가운데 한 사람이 다음과 같이 덧붙였다. "중국에는 이런 속담이 있습니다. '뜨거운 물에 티백을 담가보기 전까지는 차가 얼마나 진한지 알 수 없다.'" 우리는 지구 정반대편의 문화에서 왔지만 인성에 관해서 뜻이 통했다.

좋은 인성은 옳은 태도,
옳은 말 그리고 옳은 행동을 반드시 요구한다.
쉬운 상황에서뿐만 아니라 어려운 상황에서도 그렇다.

| 6장 |

인성을 계발하거나 변화시킬 수 있을까?

일단 인성의 정의를 내리고 나자, 우리는 스스로나 타인의 인성을 계발하거나 변화시키는 것이 가능한지를 짚어보아야 했다. 이 궁금증에 관해서는 3가지 우세한 관점이 있는 것으로 보인다.

어떤 이들은 우리가 일정한 수준의 인성을 가지고 태어나며, 이것은 평생 스스로 바꿀 수 없는 것으로 생각한다. 인성을 눈의 색깔이나 얼굴형 같은 고유한 특징으로 보는 것이다. 이 이론에 따르면 절대로 인성을 계발할 수 없다. 인성은 보탤 수 없고 변화시킬 수도 없다는 관점이다.

다른 이들은 대부분의 인성이 어린아이 때 계발된다고 말한다. 이 이론에 따르면 10~12세 무렵에 인성이 형성되고 앞으로의 인생을 위한 준비를 하게 된다. 어린 시절 이후에는 이 인성에 더 보태거나 뺄 수가 없다. "나이 든 개에게는 새로운 재주를 가르칠 수 없다"라는 오래된 속담과 비슷하다.

우리들 대부분은 본질적으로 이 2가지 생각이 모두 틀렸다는 걸 알고 있다. 우리는 자신 혹은 주변 사람들의 삶에서 인성이 바뀌는 것을 목격한 적이 있을 것이다. 형편없는 인성에서 비롯된 선택을 하며 살다가 더 나은 선택을 하기 시작하면서 마침내 더 나은 삶을 사는 사람을 우리는 많이 알고 있다.

일례로, 범죄를 저지른 사람을 감금하는 목적 중의 하나는 재활, 즉 인성을 변화시키는 것이다. 사람의 인성이 변하지 않는다고 믿는다면 초범이라 할지라도 범죄자들은 모두 영원히 가두어야 한다. 하지만 우리는 그러지 않는다. 그들이 인성을 변화시킬 기회를 주는 것이다. 인성을 바꿀 수 있다는 것을 알기 때문이다.

사실 내가 바로 인성을 변화시킨 본보기이다. 나는 일찍이 형편없는 인성으로 잘못된 선택을 자주 내렸고, 더 잘 할 수 있음을 알면서도 잘못을 저질렀었다. 지금 나를 아는 사람 중에 내가 그랬을 것이라고 의심하는 사람은 거의 없다.

일단 긍정적인 인성의 영향을 받겠다고 마음을 먹자 내 삶은 완전히 바뀌었다. 나의 태도와 행동 그리고 언어가 좋아졌고, 나와 내 주변 사람들의 삶에 도움이 될 만한 행동들을 하게 되었다. 나는 한 사람의 인성이 바뀔 수 있다는 것을 안다. 왜냐하면, 내가 해냈기 때문이다. 내가 할 수 있다면 다른 사람도 할 수 있다.

> 지혜로운 자와 동행하면 지혜를 얻고,
>
> 미련한 자와 사귀면 해를 받느니라.
>
> 《구약성경》〈잠언〉 13장 20절

친구들이 준 도움

나의 멘토가 되어준 사람들 덕분에 나는 변화에 성공할 수 있었다. 멘토는 다른 사람에게 참다운 관심을 가지고, 그 사람이 좋은 결정을 하도록 가르치며, 그 결정에 책임을 지도록 해준다. 오늘날 멘토링에 대한 관심이 커지고 있다. 멘토링을 지지하는 사람들은 멘토링을 받으면 성공적인 삶을 살 확률이 훨씬 높다는 통계로 그 유익성을 주장한다. 좋은 멘토는 좋은 인성을 가르치고 또 그 모범이 되기 때문이다.

명성을 중요시한다면 좋은 인성의 사람들과 벗하라.

나쁜 친구들과 함께하는 것보다는

혼자 있는 편이 낫기 때문이다.　　　　　　　　**조지 워싱턴**

　　고맙게도 내 경우에는 몇 명의 영향력 있는 멘토들이 나의 삶을 축복해주었다. 그중 한 분은 장인어른이다. 그를 좋은 인성의 본보기로 지켜보며 45년 동안 배울 수 있었던 것은 하나의 특혜였다. 멘토에 대한 큰 존경심이 생겼고 그분처럼 되고 싶었다. 지금도 결정을 내릴 때 "장인어른이라면 어떻게 하실까?"라고 묻곤 한다. 이런 점이 나의 인성을 계발하도록 이끌어주었다.

　　예를 들면, 나는 10대 초반부터 담배를 피우기 시작했는데 몇 차례 금연을 했지만 항상 다시 피우며 금연에 실패했다. 마크 트웨인이 "금연을 포기하는 것은 세상에서 가장 쉬운 일이다. 무수히 많이 해보았기 때문에 안다"고 한 것처럼 말이다. 금연이 어려웠던 이유 중 하나는 장인어른을 포함한 많은 동료가 흡연자였기 때문이다. 금연을 결심하고도 회사에서 담배를 물고 있는 사람을 보면 흡연의 유혹에 굴복하게 됐다.

　　20대 후반이었던 어느 날, 나는 장인어른이 평소 지니시던 담뱃갑을 들고 다니지 않으신다는 걸 알아챘다. 그는 "끊었네"라고 말씀하셨다. "자네가 매번 금연을 결심한 후에 나와 같이 일하면서 다시 담배를 피우는 걸 보았네. 탐, 이제 내가 끊었으니 자네에게 변명의 여지는 없네."

나는 주머니에서 담배를 꺼내 탁자에 두었다. 그리고 다시는 담배를 피우지 않았다. 장인어른이 습관을 버리자마자, 나도 할 수 있다는 것을 알았다. 이것이 바로 멘토관계가 얼마나 강력할 수 있는지를 보여주는 예이다. 그분의 모범이 나로 하여금 중독을 끊게 해주었다.

일상의 선택

우리는 모두 끊임없이 자신의 인성을 계발해간다. 유일한 문제는 "좋은 인성을 계발하고 있느냐, 아니면 나쁜 인성을 계발하고 있느냐?"이다. 비록 가장 사소한 결정에 대해서라도 우리는 옳은 일을 함으로써 좋은 인성을 계발할 수 있다. 이것이 우리의 양심, 즉 옳고 그름에 대한 감각을 더 예민하게 해준다. 결과적으로 힘든 시기를 만났을 때여도 좋은 인성으로 반응할 수 있도록 자신을 길들이게 된다.

인성은 일상의 의무를 이행하는 과정에서 만들어진다.

우드로 T. 윌슨

인성을 변화시키기 위해서는 먼저 자신의 인성(언어, 행동, 태도)이 잘못되었다는 것을 인정해야만 한다. 그리고 자신의 나쁜 인성에서 비롯된 결과에 대해 반드시 개인적 책임을 져야 한다. 그런 다음에 기필코 변화하기 위해 힘써야 한다.

어떤 사람은 "인간이란 자신의 행동에 대한 개인적 책임이 없고, 자유의지도 없으며, 그저 상황에 이끌릴 뿐이다"라고 말한다. 이런 거짓된 개념은 무책임한 행동과 피해의식을 부추긴다. 우리 행동에 대한 스스로의 책임과 그 결과를 받아들이는 자세가 없으면 점점 더 나쁜 인성만 계발될 뿐, 호전되지 않을 것이다.

또한 인성의 변화는 사고방식의 변화를 수반한다. 어떤 사람은 일상에서의 작은 결정은 문제가 없다고 생각한다. 그들은 사소한 상황에서는 좋은 인성으로 행동하지 않아도 된다고 믿는다. 심각한 상황에 부딪쳐서 중대한 결정을 하도록 요구받으면 그때 가서 바르게 반응할 수 있다고 믿는다. 유감스럽게도 우리는 역경이 우리의 인성을 계발해주지 않음을 역사에서 배운다. 역경은 우리가 이미 계발한 인성을 드러낼 뿐이다.

> 큰 위기가 발생할 때
> 우리 자신은 괜찮을 거라고 상상하지만,
> 위기는 우리가 무엇으로 이루어져있는지를 드러낼 뿐이다.

위기는 우리 속에 어떤 것도 넣을 수 없다 […]

위기는 항상 인성을 드러낸다. **오스월드 체임버스**

그래서 우리는 힘든 위기가 닥치기 전에 옳은 일을 하면서 인성을 계발해 역경에 미리 대비할 필요가 있다. 그렇게 하면 어려운 결정을 내려야 할 때 옳은 결정을 하는 기회를 잡을 수 있을 것이다. 그렇게 하려고 생각할 필요조차 없이 자연스럽게 될 것이다.

이 이야기를 떠올리게 하는 멋진 단편 시가 있다.

생각을 심으면 행동을 거두고,

행동을 심으면 습관을 거두고,

습관을 심으면 인성을 거두고,

인성을 심으면 운명을 거둔다. **미상**

강한 양심을 기르면 사소한 것에서도 올바른 생각을 할 수 있게 된다. 이것은 당신의 인성을 길러주고 결국은 당신의 운명을 만들어갈 것이다.

| 7장 |

진정한 질문

마지막으로 남겨진 질문은 "어떻게 자신이나 팀의 인성을 계발할 수 있을까?"였다.

나는 수십 년간 전 세계 사람들과 인성에 관한 이야기를 나누고자 노력했고, 이 경험으로 확신 1가지를 얻었다. 나는 당신의 인성을 계발해줄 수 없고, 당신은 나의 인성을 계발해줄 수 없다. 당신을 격려할 수는 있지만, 당신을 대신해서 결정을 해주거나 내가 대신 변화될 수는 없다. 당신에게 좋은 인성을 계발하라고 강요할 수도 없다. 당신은 내가 뭐라고 하든지 간에 나쁜 선택들을 계속 해나갈 수도 있다.

내가 할 수 있는 건 다른 사람들에게 "나도 좋은 인성을 계발하겠다!"는 열망을 심어주는 일이었다. 그들이 행동으로 옮기기 전에는 아무것도 바뀌지 않을 것이다. 그러므로 진정한 질문은 바로, "어떻게 우리 팀원이 자신의 인성을 바꾸도록 고무시킬 것인가?"일 것이다.

기술 연마와는 다르다

인성 계발과 기술 연마 사이에 큰 차이가 있음을 이해하는 것이 중요하다. 기술을 가르치듯 인성을 가르치는 것은 비효과적이다. 기술은 학습활동이다. 독서, 자전거 타기, 기계 작동, 피아노 연주 및 스포츠 경기는 모두 기술이다. 기술은 서로서로 단련될 수 있다. 1가지 기술의 습득은 또 다른 기술의 습득을 용이하게 해준다.

시간이 지나도 한번 익힌 기술은 잊혀지지 않는다

일단 능숙해지고 나면, 아무도 그 기술을 당신에게서 뺏어갈 수 없다. 재능 면에서 정도의 차이가 있을 수 있고 더 높은 수준에 이르기 위해 연습해야 할 테지만, 일단 기술을 익히면 그것은 당신의 것이다. 한 예로, 어릴 때 자전거 타기를 배우면 오랫동안 자전거를 타지 않았더라도 바로 자전거를 탈 수 있다.

아들 데이비드는 열두 살 때에 낮은 외발자전거를 몇 달 동안 배웠고, 점점 외발자전거에 능숙해지자 아내와 나에게 높은 외발자전거를 사달라고 몹시 졸라댔다. 높은 외발자전거 타기를 시도하는 사람은 거의 없기에(터득하는 사람은 훨씬 더 적다), 우리는 1가지 협상을 했다. "외발자전거를 살 수 있는 돈을 주마. 하지만 자전거 타는 법을 익히는 동안 매일매일 우리에게 1달러씩 주어야 한다. 자전거 비용의 절반까지 말이야"라고 우리는 말했다.

우리가 약 90센티미터 높이의 외발자전거를 집으로 가져왔을 때, 데이비드는 곧바로 그 외발자전거를 타고 출발했다. 데이비드가 1달러도 내지 않게 된 것이다! 데이비드는 이제 40대이며 결혼해서 가정을 꾸리고 있다. 외발자전거를 타는 일은 거의 없다. 그러나 타고 싶을 때면 언제든 높은 외발자전거에 올라타 동네를 산책한다.

실패

인성을 계발할 때와 기술을 익힐 때에 실패의 역할이 다르다. 실패는 새로운 기술을 익힐 때 유익하며 필수적으로 거쳐야 하

는 관문일 수도 있다. 실수를 하지만 다행히도 실수를 통해 배울
수 있기 때문이다. 얼마나 많이 넘어졌는지가 중요한 게 아니다.
얼마나 많이 다시 박차고 일어났느냐가 중요하다. 노력을 포기
하지 않는 한, 당신의 실패는 실패에서 끝나지 않는다.

인성은 세 번째와 네 번째 시도에서
당신이 하는 행동으로 이루어진다.　　　**제임스 A. 미체너**

인성에서 실패할 때는 어떤 일이 일어날까? 인성은 관계에
관한 것이다. 사람들과 상호작용하는 방식이며, 서로에게 기대
하는 행동이다. 따라서 인성의 실패는 거의 대개 관계에 금이 가
게 한다. 그 결과는 파괴적이며, 관계를 회복할 기회가 '영원히
없을지도' 모른다.

이것은 특히 형편없는 인성이 사람 사이의 신의를 져버릴 때
적용된다. 신의는 인성과 관련된 문제이다. 신의를 지키기 위해
사람들은 충성과 진실성 그리고 신실을 포함한 여러 인성을 입
증해야 한다. 한번 손상된 신의를 다시 쌓는 데에는 오랜 시간이
걸리며, 같은 수준의 신의를 '다시는 누릴 수 없을' 것이다.

중국 속담에, "신의는 정교한 도자기와 같다. 깨뜨리면 고칠
수 있다. 하지만 다시는 전과 같이 될 수 없다"고 했다. 오랜 세

월 동안 옳은 일을 할 수 있지만, 한 번의 나쁜 인성으로 인한 결정이 사람들에게 비친 우리의 인성과 애써 쌓아온 대인관계를 손상시킬 수 있다. 그것을 바로잡을 수는 있지만 회복하는 데 오래 걸릴 것이며, 성공한다고 하더라도 관계는 결코 전과 같지 않을 것이다.

인성은 유지하는 편이 회복하는 편보다 훨씬 쉽다.

토머스 페인

물론 인성의 실패로 인한 손상은 인간관계를 훨씬 뛰어넘는다. 중범죄를 저지른 사람은 설사 자신의 인성이 변화되었고 더 이상은 범죄를 저지르지 않는다 해도, 새 직장을 구할 때마다 반드시 자신의 과거에 저질렀던 인성 실패에 직면해야 한다. 입사지원서를 작성할 때마다 그들은 중범죄에 대한 유죄판결을 받은 일이 있느냐는 질문에 "네"라고 답해야 한다. 이것은 극단적인 예이긴 하지만, 나쁜 인성으로 인한 결정이 평생 당신을 따라다닐 수 있다는 점을 보여준다. 불가능하지는 않지만, 나쁜 결정은 극복하기가 어렵다.

보상

금전적 보상, 성적이나 포상이 기술을 습득하도록 동기를 부여하고 격려할 수 있다. 예를 들면, 새로운 업무 때문에 연수를 받는 대가로 더 높은 연봉과 승진이 따라올 것이다. 급여 인상이나 승진은 당신이 훈련에 더욱 전념하게 하고 새로운 기술을 터득하도록 동기를 부여할 것이다.

하지만 인성을 계발하도록 하기 위해 돈을 지급하는 것은 대개 효과적이지 않다. 일례로, 직원 중 한 사람이 항상 늦는다고 해보자. 당신은 사무실로 그 직원을 불러 시간을 엄수하지 않아서 승진이나 임금 인상이 어렵다고 말해준다. 그러나 그에게 장려금을 제안하면서 다음처럼 말한다고 가정해보자. "2주간 정시에 출근하면, 승진을 시켜주고 임금을 인상해주겠네."

무슨 일이 일어날 것 같은가? 대부분의 사람들이 "2주 동안은 정시에 나타나서 승진과 인상된 급여를 차지한 뒤 재빠르게 본래 지각하던 습관으로 되돌아갈 거다"라고 말할 것이다. 우리는 그가 왜 이처럼 행동하리라고 예상할까? 왜냐하면, 그게 바로 인간의 본성이기 때문이다. 우리는 급여 인상이나 보상 또는 승진으로는 타인의 인성 변화를 유도할 수 없음을 알고 있다. 장기적으로 결과를 얻으려면 다른 방법을 사용해야만 한다.

보상은 인성 훈련의 일부분이 될 수는 있지만, 자주 활용되어서는 안 된다. 적절히 사용되지 않으면 오히려 역효과를 낼 수 있다.

한 예를 살펴보자. 내가 네 살짜리 손자를 데리고 가게로 간다고 생각해보라. 손자가 징징거리고 소리 지르고 야단법석을 쳐서 나를 난처하게 하고 가게의 모든 손님을 정신없게 만든다. 나는 몸을 굽혀 손자에게 "얌전히 있으면, 나갈 때 아이스크림을 사줄게"라고 말한다.

손자 녀석은 어떻게 할까? 아이스크림을 먹고 싶어서 아마도 잠잠해질 것이다. 나가면서 우리는 약속대로 아이스크림을 산다. 상황은 최소한 일시적으로나마 해결되었다. 하지만 무슨 일이 있었는가? 우리 손자는 나쁜 행동에 대한 보상을 받은 것이다. 이제 그 녀석은 짜증을 부림으로써 원하는 것을 얻을 수 있다는 데에 익숙해졌다.

더 나은 방법은 무엇일까? 손자를 밖으로 데려가서 그의 행동에 대해 일러주고 짜증을 가라앉혀야 한다. 남은 쇼핑이 평화로웠다면, 나는 가게를 나서면서 이렇게 말할 것이다. "가게에서 말도 잘 듣고 마음도 잘 다스린다는 걸 보여줬구나. 특별 선물로 아이스크림을 먹자꾸나." 차이를 눈치챘는가? 이것은 우리 손자가 처음으로 보상에 대해 들은 경우다. 그것은 그 아이에게는 놀라운 것이며 뜻밖의 일이다. 그가 배운 교훈은 순종하고

자기절제를 하면 보상을 받을 수도 있지만, 불순종하면 아무것도 받지 못한다는 것이다.

즉, 보상이 효과적이려면 그 보상이 예상 밖의 드문 것이어야 한다. 만약 손자가 매번 가게를 갈 때마다 아이스크림을 받는다면, 아이는 그것을 당연하게 여기게 되어서 그것은 '좋은 인성의 발현으로 얻는 뜻밖의 보상'으로서의 가치를 잃게 된다.

우리 손주들은 연극이나 피아노 연주회 및 구기 종목 경기를 한다. 우리는 경기나 공연이 끝나면 자주 아이스크림을 먹으러 갔는데, 아이들은 가끔 이렇게 묻는다. "우리 아이스크림 먹으러 가요?" 이 경우에 아이스크림은 좋은 행동에 대한 보상이 아니다. 그저 기술을 익히고 발휘했기 때문에 받는 인정이다. 성적표에서 'A'를 받는 것과 비슷한 것이다.

만약 보상이 좋은 인성을 계발하도록 이끌지 못한다면, 어떤 것이 할 수 있을까? 좋은 인성을 고무시킬 수 있는 최고의 방법은 좋은 행동을 찾아내어 알아주고 그것을 칭찬해주는 것이다.

| 8장 |

칭찬의 힘

모든 사람에게는 권위자를 기쁘게 하려는 본질적인 욕구가 있다. 특히 자신이 존경하는 대상에 대해서는 더욱 그렇다. 직원은 상사를 기쁘게 하기를 원한다. 아이는 부모님을 기쁘게 해드리고 싶어한다. 학생은 선생님을 기쁘게 만들고 싶다. 비록 깨닫지 못하더라도, 사람들은 윗사람을 행복하게 해드리는 것을 좋아한다.

기쁘게 해주려는 마음은 또 다른 욕구를 만들어낸다. 언제 어떤 행동으로 우리가 지도자, 부모님 또는 선생님을 기쁘게 해드렸는지를 알고 싶어진다. 하지만 언제 그 사람들의 인정을 받았는지를 어떻게 알 수 있을까? 바로, 그분들이 우리 행동을 알아주고 칭찬해줄 때 알 수 있다. 의식적이든 잠재의식적이든 모든 사람은 권위자로부터의 칭찬과 인정을 구하고 있다.

칭찬이란 무엇인가? 많은 사람이 칭찬을 '누군가가 나에 대해 좋은 점을 말해주는 것'이라고 정의내린다. 우리는 칭찬을 자주 아첨과 혼동한다. 유감스럽게도 사람들은 보통 성과에 대해 진실되지 못하게 또는 조종의 수단으로서 칭찬받는다.

인성 계발의 맥락에서 칭찬은 훨씬 좁은 정의를 가진다. 칭찬은 인성을 보여주는 말, 행동 및 태도를 언급하면서 어떻게 그것이 당신과 주변 사람들에게 좋은 영향을 미치는지 설명해준다.

캐릭터 퍼스트의 핵심 용어

칭찬: 인성을 보여주는 말, 행동 및 태도를 언급하면서 어떻게 그것이 당신과 주변 사람들을 유익하게 하는지를 설명해주는 것.

새로운 사고방식

대부분의 사람과 조직은 성과에 대해 칭찬한다. 그렇지만 캐릭터 퍼스트의 실례들이 입증하듯이, 인성에 대한 칭찬을 시작할 때 조직의 문화를 변화시킬 수 있다. 직원의 인성을 칭찬하고 왜 그것이 중요한지 그들에게 말해줄 때, 그것 자체가 성공으로 가는 이정표가 된다. 그것은 직원들이 인성에 기반을 둔 결정을 하도록 격려하고 좋은 인성을 가꾸어나가도록 고무한다. 불행히도 대부분의 경영자는 칭찬하는 방법을 모른다. 왜일까?

경영자는 문제를 찾고 그것을 해결하도록 훈련받았다. 우리가 먹고 사는 문제는 잘못된 것을 찾아내고 이를 바로잡는 능력에 달려있다. 유감스럽게도 이런 행동은 대개 사람들이 하는 선한 일을 보지 못하게 만든다.

> 실수를 계속 찾아내야 한다는 압박감이 든다면,
> 망원경이 아닌 거울을 사용해보라.   미상

나는 그 요령을 잘 알고 있다. 공장으로 걸어 들어가 바구니에 쌓인 수천 개의 기계부품을 보고 그 더미에서 유일하게 결함이 있는 부품을 집어 들 수 있다. 나는 자연스럽게 "이 부품은 어떤 문제가 있지?"라고 물을 수 있다. 하지만 이보다 "와! 999개의 훌륭한 부품들이 있군!"이라고 말하는 편이 낫다.

우리가 사람을 대할 때에도 똑같다. 어떤 이의 실수를 보고

그 실수를 고쳐주는 편이 그 사람의 장점을 알아내는 일보다 쉽다. 경영자는 종종 "나는 그들에게 무엇을 해야 할지 수백 번을 일러주었어요. 그런데 그들은 왜 그렇게 하지 않는 거죠?"라고 말한다.

사람들이 옳은 일을 하기를 바란다면, 정작 그들이 우리의 기대를 충족시킬 때에는 칭찬할 이유가 없어져버린다. 우리는 대개 기대했던 점이 충족되지 못할 때만을 알아차린다.

그 때문에 우리는 대체로 잘못한 점을 말해주거나 그 잘못을 바로잡으려고만 한다. 이러는 이유도 나름 그들이 더 발전할 수 있도록 하기 위해서일지도 모르지만, 그들이 낙심하거나 노력을 포기하는 의도치 않은 결과가 생길 수도 있다.

칭찬하기 위해 사람들이
정확히 올바른 일을 할 때까지 기다리지 말라.　**켄 블랜차드**

"사람들은 친구와는 함께하려 하지만, 상사 곁은 떠나려고 한다"는 옛말이 있다. 연구에 따르면 사람들이 조직을 떠나는 가장 큰 이유는 '인정과 칭찬의 인색함'이었다. 사람들이 그만두는 이유로 금전적 보상보다는 이러한 비금전적 보상이 더 큰 비중을 차지한 것이다. 항상 잘못을 고치려고만 들고 칭찬은 좀처럼 하지 않는다면, 직원들은 낙심하여 '나는 도저히 우리 일선 관리자를 기쁘게 할 수 없어'라고 생각할 것이다. 사람들은 자신의 실수에 관해서만 이야기하는 곳에서 일하고 싶어하지 않는다.

인성 찾아내기

좋은 인성을 찾아내어 그것을 칭찬하는 일은 나에게는 충격이었다. 경영자로서 나의 일은 문제를 찾아서 해결하는 것이지, 아첨하는 일이 아니었다. 또한, 내가 직원을 칭찬할 때는 보통 성과에 대해서였지, 인성 때문이 아니었다.

하지만 나는 인성을 칭찬하는 것이 킴레이의 조직문화를 변화시킬 수 있다는 것을 이해하기 시작했다. 힘겨운 과도기로 넘어가는 과정이었기에, 사람들에게 혼란스러운 메시지를 주어서는 안 되었다. 인성이 중요하다고 말만 하면서 인정과 보상은 주로 성과에 대해서만 준다면 진정한 변화를 만들어내지 못할 것이다. 만약 우리 직원들이(또는 아이들이) 성과가 더 중요하다고 믿는다면, 성과를 내기 위해 필요한 일은 어떤 것이든 하려는 유혹을 받을 것이다. 모든 결정은 인성에 기반을 두어야 한다.

언제 인성을 칭찬하는가?

나는 일상적 활동을 하는 중에 대화나 짧은 편지 또는 이메일로 사람들을 칭찬할 수 있다는 것을 깨달았다. 우리는 성과를 축하하거나 특별행사를 할 때에도 인성에 대해 칭찬할 수 있었다. 또한, 우리는 관리자들이 직원의 입사기념일에 그들을 공개적으로 칭찬할 수 있는 직원회의를 열기로 했다. 우리는 모든 경우에 그 직원이 꾸준히 보여준 인성을 파악하고 그것을 나름대로 정의한 뒤, 어떻게 행동으로 보여주었는지를 예시로 들었으며 그것의 긍정적인 영향까지 말해주었다.

어떻게 이런 활동들이 인성을 발전시켰을까? 첫째, 경영자는 부정적인 면에 초점을 맞추기보다 각 개인의 좋은 인성을 알아차리는 법을 배운다. 둘째, 직원들은 관리자들이 어떤 점을 인정하는지 그리고 왜 그것이 유익한지를 배운다. 또한, 그 칭찬을 듣는 사람 모두가 인성과 그에 따른 유익함을 배운다. 주로 좋은 인성이 업무를 하면서 어떻게 드러났는지를 보여주는 사례를 나눈다. 그러면 우선 인성에 관한 공통의 언어가 조직 내에서 만들어진다.

성과보다는 인성을 칭찬하기

인성을 칭찬하는 것이 성과를 칭찬하는 것과 어떻게 다를까? 한 예를 살펴보자. 한 직원이 화난 고객과 이야기하는 것을 경영자가 들었다고 해보자. 아마 납품에 착오가 생겼거나 제품에 문제가 있었을 것이다. 직원은 언짢아하지 않고 인내하며 문제 해결을 위해 노력 중이다. 고객이 만족스러워하며 대화는 끝이 났고, 문제상황은 바로잡힐 것이다.

경영자가 그 직원에게 다음과 같이 말했다고 생각해보자. "훌륭해요! 화난 고객에게 이렇게 잘 대응하다니 기분이 좋군요. 매출을 올리는 데 기여를 했네요." 이것은 성과에 대한 칭찬이다. 초점이 인성이 아닌 최종 결과에 있다.

어떻게 하면 성과보다는 인성을 칭찬할 수 있을까? 여기서 칭찬이란 좋은 인성에서 우러러 나오는 말과 행동, 태도를 알아차리고 부각시켜서 그것이 당신과 주변 사람들에게 어떤 점에서 유익한지를 설명하는 것이다. 앞의 예에서 경영자는 다음과 같이 말할 수 있다. "고객에게 대처하는 당신의 인내심에 감명받았습니다. 어려운 상황이었는데 말이죠. 매우 힘든 상황이었지만 이를 제대로 해결했네요. 제게도 좋은 본보기가 되었구요. 새로운 고객을 찾는 것보다 기존 고객을 잘 유지하는 것이 더 낫다는 말을 나에게 상기시켜줍니다."

후자의 예에서, 경영자는 인내심이라는 직원의 인성을 칭찬했지, 성과를 칭찬한 게 아니다. 우리의 본성은 눈앞에 보이는 성과를 칭찬하고 싶어하지, 잘 보이지 않는 인성을 찾아 칭찬하게 되지는 않는다. 그렇기에 우리는 배워야 한다. '인성 칭찬하기'를 배우는 것은 칭찬할 만한 말과 행동 그리고 태도를 찾는 것에서 시작된다. 다른 사람에게 있는 좋은 점을 찾아 칭찬해보라.

아첨과 조종

'인성 칭찬하기'라는 말이 익숙하지는 않다. 어떤 이들은 모든 칭찬을 아첨이나 조종의 수단으로 느끼기도 한다. 아내와 나는 '가정과 자녀'에 대한 국제회의 참석차 말레이시아에 간 적이 있다. 우리는 각 나라에서 온 많은 청중 앞에서 "진정한 성공: 좋은 인성의 가족 되는 법"이라는 주제로 강연을 했다.

강연을 마쳤을 때, 한 아이의 어머니가 다가오더니 "아이를 칭찬하면 교만해지지 않을까요?"라고 물었다. 그렇다, 아이들은 부정적인 자부심을 가질 수도 있다. 하지만 그런 일은 일반적으로 칭찬이 ① '성과에 대한 것'이거나 혹은 ② '진심이 아니고 과분한 것'일 때 일어난다.

"누군가에게 앙갚음하고 싶다면 그의 자녀를 치켜세워주어라"라는 중국 속담이 있다. 옛 격언에서도 "아첨이 두 발을 잡으려 그물을 넓게 친다"라고 했다. 둘 다 아첨과 진심이 담기지 않은 칭찬, 그리고 오직 성과만을 위한 칭찬이 오히려 파괴적임을 말해주고 있다. 하지만 진실한 인성에 대한 칭찬은 인성을 더욱 계발하도록 고무시켜준다.

왜 그럴까? 좋은 인성을 가진 사람이 되는 것은 누구는 이기고 누구는 지는 경쟁이 아니기 때문이다. 좋은 인성을 가진 사람은 다른 사람이 좋은 인성을 갖지 못하도록 막지 않는다. 사실상 이상적인 것은 우리 모두가 좋은 인성을 갖는 것이다.

이것이 캐릭터 퍼스트와 'EOM(Employee of the Month, 이달의 직원) 제도' 사이의 중요한 차이점이다. EOM 제도에서는 오로지 1명의 직원만 선정된다. 하지만 EOM에 선정되려면 다른 사람의 도움을 어느 정도 받아야 한다는 것을 직원들도 알고 있다. 즉, 그 사람 혼자 잘해서 단독으로 수상한 게 아니라는 말이다. 모든 것이 팀워크로 이루어졌으며, 여러 사람들이 공동의 목표를 달성하기 위해 함께 일한 결과이다. 그럼에도 불구하고 이달의 직원으로서 1명의 직원에게만 상을 주는 것은 팀 의식에 손상을 줄 것이다.

캐릭터 퍼스트의 목표는 좋은 인성을 계발시킴으로써 모든 직원이 자신의 잠재력을 완전히 발휘하도록 격려하는 것이다. 직원회의에서 우리는 입사기념일 같은 공정한 기준으로 직원을 선정하여 칭찬을 한다. 올해는 모든 직원이 공개적으로 칭찬을 받을 것이다.

이것은 승자도 패자도 없이 시즌이 끝날 때 모두가 트로피를 받는 아이들의 단체운동경기 같은 것이 아니다. 직원들은 그저

'참가'했기 때문에 칭찬받는 것이 아니다. 그들이 모두 좋은 인성을 보여주었기 때문에 칭찬받는 것이다.

일상의 칭찬

인성을 칭찬하는 것은 가끔 날을 잡아서 하는 그런 것이 아니다. 칭찬으로 인한 더 큰 효과는 매일 좋은 인성을 찾아서 인정해주고, 또한 이를 표현할 때 일어난다. 《1분 관리자*The One Minute Manager*》라는 책에서, 켄 블랜차드는 직원에게서 나쁜 점을 찾는 대신 '직원이 잘 하는 모습에 포착해' 그것에 대해 칭찬해야 한다고 쓰고 있다. 이 중요한 말을 현실에서는 간과하기 쉽다.

스탠퍼드 대학교 교수 2명이 1가지 흥미로운 실험을 했다. 직원을 두 그룹으로 나누고 첫 번째 그룹(실험집단)은 가끔 칭찬의 말이 나오도록 설계된 컴퓨터로 일을 했다. 반면, 두 번째 그룹(통제집단)은 첫 번째 그룹과 같은 격려를 아예 받지 못했다. 교수들은 첫 번째 그룹 사람들에게 칭찬이 임의로 정해진 프로그램일 뿐 컴퓨터가 하는 칭찬에는 별다른 의미가 없다고 일러주었다.

교수들의 지침을 들었음에도 첫 번째 그룹은 '여전히' 칭찬에 긍정적인 반응을 보였다. 그들은 다른 컴퓨터와 일하는 것보다 칭찬을 해주는 컴퓨터와 일하는 것이 훨씬 기분 좋았다고 말했다. 결과적으로 더 오랜 시간을 일해도 업무에 대한 즐거움을 많이 느꼈고 새로운 도전에도 자신감이 생겼다.

컴퓨터가 하는 임의적인 칭찬에도 직원들의 기분이 좋아지고 업무에 사기가 오른다면, 상사가 하는 진심 어린 칭찬은 직원들에게 얼마나 큰 영향을 끼치겠는가? 일상에서의 칭찬의 중요성을 절대 무시해서는 안 된다.

래이쳄Raychem 사의 CEO인 폴 쿡은 칭찬의 중요성을 다음과 같이 설명했다. "가장 중요한 요소는 개별적 인정이며, 그것은 급여나 보너스 또는 승진보다 중요하다. 또한, 그들에게 가장 큰 보상은 멋진 일이 일어나도록 만들었다는 걸 인정받는 것이다."

'수고했어요' 혹은 '잘 했어요'와 같은 말은 효과가 없다. 대신에 인성을 칭찬해줌으로써 직원을 인정하고 고마움을 전해야 한다. 자신이 그 조직에 꼭 필요한 존재임을 알게 해주고 계속해서 인성을 계발하도록 격려해주어라.

일단 월례회의에서 개별 직원들의 인성을 파악하기만 한다면 좋은 인성을 알아보는 일과 그것을 매일 칭찬하는 일이 자연스러워질 것이다. 이를 통해 직원이 잘못할 때 고치려고만 드는 악의 사슬을 끊을 수 있다. 부품이 든 바구니에서 단 하나의 불량품이 아닌 999개의 좋은 부품을 보게 될 것이다(나쁜 점은 교정될

필요가 없다).[*]

인성을 칭찬하는 일은 다른 사람들이 자신의 삶에서 인성을
계발하도록 고무시키고 격려한다. 그것은 사람들의 좋은 인성을
적절히 인정해주는 것이다. 이는 좋은 인성이 무엇인지를 가르
쳐주고, 나아가 인성에 대한 공통의 '언어'를 조직 내에 정립해
준다. 인성을 칭찬하는 것은 경영자들이 무엇을 고마워하는지를
직원들이 깨닫게 하고, 또한 어떻게 하면 좋은 점을 나타낼 수
있는지를 서로 나누게 한다. 즉, 경영자들과 직원들이 좋은 관계
를 형성하도록 한다. 인성 칭찬하기는 다른 사람이 성공하도록
돕는, 단순하지만 강력한 방법이다.

> 훌륭한 아이는 부모의 칭찬으로 빚어진다.
> 성공적인 가족 구성원은 다른 가족들의 칭찬으로 빚어진다.
> 우수한 직원은 상사의 칭찬으로 빚어진다.

---

[*] 이 책의 제18장 참조

| 9장 |

어떻게 칭찬할 것인가?

일단 내가 칭찬의 중요성을 이해하게 되자 칭찬의 '방법'이 칭찬의 '이유'만큼 중요하다는 사실도 깨닫게 되었다. 주변 사람들을 적절한 방법으로 칭찬하지 않으면, 우리가 바라던 효과를 낼 수 없다. 우리의 목적은 사람들이 직장과 가정에서의 성공을 위해 인성을 계발하도록 고무시키는 것이다.

킴레이의 인성 훈련 경험을 하면서 칭찬에는 3가지 중요한 단계가 있음을 배웠다.

첫째, 인성을 정의하라.

둘째, 그것이 사용된 사례를 들라.

셋째, 인성 활용의 유익함을 설명하라.

인성 정의하기

인성을 정의하게 되면 공통의 언어가 만들어지고 커뮤니케이션이 향상된다. 캐릭터 퍼스트에서 우리는 49개의 인성을 도출했고 각각에게 적합한 업무에 대한 정의를 내렸다('부록 A' 참조).

마법의 숫자가 아니다

리더들은 종종 이렇게 묻는다. "왜 49인 거죠? 10이나 12 또는 24는 안 되나요?" 나의 대답은 간단하다. "목록을 읽어보시고 49개의 품성*들 중 여러분의 직원이 갖추기를 원치 않는 것이 있다면 말해주세요. 용서? 만족? 감사? 긍휼? 포용? 충성? 어느 품성을 제외하고 싶으신가요?" 목록을 훑어본 후 그들은 모든 게 필요함을 깨닫게 된다.

사실 더 많은 인성이 있고 도덕적 특징의 용어들이 있지만, 우리가 시작한 49개의 품성은 킴레이를 포함한 많은 조직에서

---

* 이 책에서 인성이란 전반적인 인성(character)을 가리키고, 품성은 인성의 다양한 세부 자질(character quality)을 가리킨다

매우 효과적이었다.

목록 살펴보기

한 달에 1가지 품성을 강조하면, 49개 모두를 다루는 데 4년이 걸린다. 많은 리더들의 걱정은 시간이 너무 오래 걸린다는 것이다. 그럼에도 불구하고 우리는 각각의 인성을 배우고 적용하는 데 한 달이라는 시간을 들이도록 하고 있다. 직원들에게 가장 큰 영향을 미치는 것은 지속적이고 일관된 강조이다. 49개 품성의 세부사항을 낱낱이 가르치는 일은 상대적으로 덜 중요하다.

아마 이런 궁금증을 품는 사람도 있을 것이다. "그 목록을 다 통과하면 끝나는 건가요?" 아니다. 그렇게 한다고 해서 절대 완성되는 게 아니다. 인성 계발은 일생에 걸친 여정이다. 49개의 품성 교육이 완료되면 그 과정을 또다시 반복하면서 평생 자신을 다듬어야 한다.

이러한 반복 훈련은 여러 이유로 중요하다. 인성을 처음 가르칠 때, 그것을 듣지 못한 신입직원이 있을 수 있다. 앞서 배운 것을 잊어버린 직원도 있을 것이다. 그렇기 때문에 상기시키고 다시금 중요성을 강조할 필요가 있다. 또한, 직원들이 인성의 중요성을 이해하도록 하는 새로운 적용이나 사례가 있을 수 있다.

나는 가끔 다른 기관이나 단체로부터, 경영진이 느끼기에 직원이 배울 필요가 있는 하나 또는 그 이상의 인성을 가르쳐달라는 요청을 받는다. 비록 인성의 순위가 불가침의 영역은 아니지만, 중요한 것은 특정한 사람이나 문제를 표적으로 삼지 않는 것이다. 나는 49개의 품성 모두를 치우침 없이 가르치기를 강력히 권고한다. 49개의 품성 하나하나에 너무 신경 쓰지는 마라.

사례

두 번째 단계는 사람들이 어떻게 그 인성을 행하였는지 예시를 드는 것이다. 칭찬의 이유가 된 구체적인 말이나 행동, 또는 태도를 설명하라. 다른 이의 생명을 구한 영웅적 행동부터 동료를 격려한 작은 행동까지, 그 범위는 다양할 것이다.

이러한 사례를 설명하려는 관리자에게는 직원이 가진 좋은 점을 찾아내는 능력이 필요로 한다. 그렇기에 관리자에게도 직원의 장점을 알아볼 수 있는 눈을 키울 수 있도록 능력 계발의 기회를 제공해주어야만 한다. 18년에 걸쳐 킴레이의 많은 관리자들은 직원의 장점을 찾는 데에 매우 주의 깊고 예리한 전문가가 되었다.

긍정적 영향

인성 칭찬하기의 세 번째 단계는 긍정적 영향을 설명하는 것이다. 우리의 말과 행동 그리고 태도가 다른 이들에게 어떤 영향을 미치는지 말해준다.

예를 들어, 정시에 도착한 직원에게 다음과 같이 칭찬할 수 있다. "시간을 지켜줘서 고마워요. 시간 엄수는 다른 이들에 대한 존중을 보여주는 것입니다. 당신은 해야 할 일을 적시에 함으로써 다른 사람을 존중한다는 것을 보여주었어요."

어려운 상황에도 불구하고 활기찬 모습을 유지하는 동료에게는 이렇게 말함으로써 칭찬할 수 있다. "자네는 오늘 참 즐거워 보여. 기쁨은 불쾌한 상황을 만나도 좋은 태도를 유지하는 것이지. 우리 오늘 참 힘들었지만, 자네가 기쁘게 일하는 모습으로 인해 주변 사람 모두가 좋은 태도를 갖게 되었어."

만약 그들이 착실하게 일한다면 – '책임감'을 칭찬하라.
만약 그들이 지시사항을 준수한다면 – '충실함'을 칭찬하라.
만약 그들이 조직적이라면 – '정돈'을 칭찬하라.

인성을 알아보고 칭찬하기를 배우는 것은 어렵지 않지만, 전적인 헌신을 요구한다. 다른 사람에게 영향을 미칠 수 있는 놀라운 효과를 깨달을 때 인성 칭찬하기에 헌신하기가 쉬워진다.

효과 확인하기

아내와 나는 인성 칭찬하기의 대가이다. 손주들이 근처에 살아서 우리 집에 자주 찾아온다. 1명씩 올 때는 드물고, 보통은 형제자매나 사촌끼리 함께 온다.

그중 한 아이가 좋은 인성을 보여주면, 아내는 바로 칭찬을 한다. 아이 하나가 저녁 식사 후 청소기로 청소를 하면, 아내는 "청소를 먼저 도와주어서 고맙구나. 솔선은 누군가가 시키기 전에 필요한 일을 알아서 하는 것이지. 할머니가 부탁할 필요가 없었단다. 빨리 끝낼 수 있겠는걸"이라고 말한다.

손자 중 하나가 문을 열어주면, 아내는 "와! 정말 신사답구나"라고 말한다. 아내는 손자들의 남자다움을 다정함의 연장선상에서 책임감과 연결짓고 싶어한다.

한번은 손주 하나가 아내의 소파 청소를 도왔다. 빗자루로 비질을 몇 번 하자마자, 아내가 말했다. "일을 정말 철저하게 하는구나. 구석구석 비질이 안 된 부분이 없게끔 말이야. 네가 청소를 끝내고 나면 정말 깨끗해질 것 같구나!" 진심 어린 칭찬은 아이를 격려할 뿐 아니라, 좋은 일을 계속해나가도록 동기를 부여한다.

손주들이 와서 장난감 놀이를 시작하면, 아내는 베풂에 대해 아이들을 칭찬한다. "너그러운 마음으로 장난감을 다 같이 가지고 놀 수 있게 해주니 고맙구나. 덕분에 할머니도 기쁘고 형제자매들도 즐거워하는구나." 칭찬은 아이들이 이기적으로 행동하고 싶은 유혹을 받기 전까지 좀 더 오래 좋은 마음가짐을 유지하게 해준다.

근면, 의지력, 철저함 그리고 조심성 같은 어른이 쓰는 단어로 말을 하면 어린아이들은 칭찬을 이해하지도 진가를 헤아리지도 못한다고 생각할 것이다. 그들이 반응하는 것을 보아야만 한다. 마치 빛이 그들의 작은 얼굴 안에서 켜지듯이 아이들은 활짝 웃는다. 단어의 뜻을 처음에는 이해하지 못하겠지만, 아이들은 인정받았음을 알아채고 인정과 칭찬을 받을 수 있는 품성과 행동을 재빨리 익히게 된다.

직원들, 동료들 그리고 배우자도 같은 방법으로 반응한다. 그들은 아이처럼 투명하지는 않지만 속으로 활짝 웃는다.

> 학교에서 - 시험 본 대로 얻는다.
> 직장에서 - 요구한 대로 얻는다.
> 사람들 사이에서 - 칭찬한 대로 얻는다.

새로운 기술은 연습이 필요하다

인성을 칭찬하는 것이 많은 이들에게 자연스럽거나 쉽지는 않을 것이다. 사실 우리는 타인에게서 좋은 점을 찾기보다는 실수를 찾아서 고치도록 배웠다. 이로 인해 우리는 긍정적이거나 힘을 북돋워주기보다 비판적이고 부정적인 사람이 되었다. 이 새로운 기술에 능숙해지려면 인성을 칭찬하는 방법을 배워야 하고 그 후에는 연습해야 한다. 나는 당신이 즉시 이 새로운 기술을 개발할 것을 권장한다. 다른 사람을 자주 칭찬할수록 칭찬하기가 더 쉬워질 것이며, 그 효과 또한 더욱 커질 것이다. 타인의 인성을 인정하는 2가지 지침은 다음과 같다. 첫 번째는 예시 준비이고, 두 번째는 현실에서의 활용이다. 두 가지 연습과제를 건너뛰지 마라. 바로 지금부터 좋은 인성을 칭찬하는 사람이 되자.

인성 칭찬하기 지침

가족이나 직원 또는 동료 가운데 칭찬하고 싶거나 격려하고 싶은 인성을 가진 사람을 선택하라. 그러고 나서 아래의 3단계를 작성하라.

이름: <u>토머스 E. 스미스</u>   날짜: <u>2010년 12월 1일</u>

1. 정의: 그 사람이 자주 보여주는 인성의 특징을 선택하고 정의를 내린다.

인성: <u>솔선 vs. 빈둥거림</u>

정의: <u>누군가 처리해야 할 일을 요청받기 전에 먼저 알아서 하는 것.</u>

<u>　</u>

<u>　</u>

2. 사례: 선택된 인성의 특징이 어떻게 나타났는지 구체적인 사례를 든다.

<u>엔진 작동의 변화를 추적하고 기록하는 방법을 연구하고 보고한 것.</u>

<u>　</u>

<u>　</u>

3. 긍정적 영향: 그 사람의 삶에 나타난 이러한 인성의 특징이 어떻게 당신 또는 주변 사람들에게 긍정적 영향을 주는가?

<u>보고서는 경영진이 결정을 내리는 데 필요한 정보를 제공할 것이다.</u>

<u>　</u>

다음 단계를 실행하라: 그 사람에게 가신 인성에 대해 칭찬하라.

인성 칭찬하기 지침

가족이나 직원 또는 동료 가운데 칭찬하고 싶거나 격려하고 싶은 인성을 가진 사람을 선택하라. 그러고 나서 아래의 3단계를 작성하라.

이름: _____   날짜: _____

1. 정의: 그 사람이 자주 보여주는 인성의 특징을 선택하고 정의를 내린다.

인성: _____

정의: _____

_____

2. 사례: 선택된 인성의 특징이 어떻게 나타났는지 구체적인 사례를 든다.

_____

_____

_____

3. 긍정적 영향: 그 사람의 삶에 나타난 이러한 인성의 특징이 어떻게 당신 또는 주변 사람들에게 긍정적 영향을 주는가?

_____

_____

_____

다음 단계를 실행하라: 그 사람에게 가서 인성에 대해 칭찬하라.

10장

목표

캐릭터 퍼스트의 목표는 개인이 성공하도록 돕는 것이다. 성공을 결정짓는 요소는 개인의 인성이다. 우리 주변의 사람들이 좋은 인성을 계발할 수 있도록 돕는다면, 비록 힘든 시간을 보내는 중이더라도 그들은 자신의 결정이나 태도 또는 행동을 고칠 수 있고 더욱 성공적인 삶을 살게 될 것이다.

조직의 비용이나 손익을 개선하는 프로그램은 모두에게 유익하다. 하지만 안타깝게도 몇몇 직원들은 그런 프로그램이 경영

자에게만 혜택을 주고, 직원은 괴롭게 하는 방법이라고 생각한
다. 조직을 개선하도록 하는 프로그램이 종종 업무를 완수하는
데 방해가 된다고 여겨지기도 한다.

어렵고 복잡한 프로그램들

킴레이는 더욱 성공적인 경영을 위해 시간을 단축하고 수익
성을 높이는 SMED*를 비롯한 여러 프로그램을 시도했다. 제품
과 서비스의 품질 개선을 위해 생산 절차를 재검토하고 변화시
키는 품질 관리 서클**도 만들었다. 재고를 줄이기 위해 제시간을
맞추는 JIT(just-in-time) 재고·제조를 시행하기도 했고, 수익성과
납품 시스템을 개선하기 위해 WIP(work-in-process)를 최소화
했다. 또한, 지속개선(Continuous Improvement), 식스시그마Six
Sigma, 셀생산(Cell Manufacturing) 등 여러 가지 방법을 사용했
다. 우리는 회사를 좀 더 성공적으로 이끌기 위해 고안된, 이해
하기 어려운 갖가지 프로그램들을 거의 대부분 적용해보았다.

적용했던 프로그램들은 모두 괜찮았고, 조직을 개선할 수 있
는 요소를 가지고 있었다. 하지만 아무리 좋은 프로그램이라 할

---

* Single-Minute Exchange of Die: 프레스 기계에 설치되는 금형의 교환 시간을 10분
이내로 단축하기
** 품질 관리 향상을 위해 의견을 나누는 소모임

지라도, 그것을 성공시키는 것은 사람이다. 프로그램을 시행하는 사람이 형편없다면, 성공은 제한적일 것이다.

타인에게 초점 맞추기

우리 직원들은 똑똑하다. 그들은 우리가 주로 조직에게 도움이 될 만한 것을 시도하고 있다는 것을 안다. 그들은 또한 프로그램이 시행되었다가 사라졌다가 한다는 것도 알고 있다. 프로그램이 마음에 안 들면 참가자들은 집중하지 않고, 결국 해당 프로그램은 사라진다. 아마 오랫동안 근무한 직원들은 여러 프로그램을 경험했을 것이다.

프로그램 중 일부는 대체로 조직을 성공시키려고 고안된 것이다. 다른 것들은 자기 계발이나 직원을 '고치는' 데에 초점을 맞춘 것이다. 이렇게 사람이 고장났다고 생각하는 프로그램의 경우 직원에게 문제가 있으니 그런 문제를 시정한다면 사업은 자연스레 개선될 것으로 생각한다.

하지만 캐릭터 퍼스트는 대체로 직원을 성공시키기 위해 고안되었다는 점이, 캐릭터 이니셔티브character initiatives를 비롯한 대부분의 다른 프로그램과의 주요한 차이점이다. 또한, 캐릭터 퍼스트는 타인지향적이다. 다른 사람이 스스로 자신의 인성을 개선하고 이를 통해 더욱 아름다운 사람이 되도록 그들을 어떻게 고무시킬까에 초점을 둔다. 결국 캐릭터 퍼스트는 단순히 직원들을 바꾸기 위한 프로그램이 아니라 관리자, 임원, CEO에 이르기까지 조직 내의 모두를 위한 것이다.

자신의 성공에 간절한 만큼 타인의 성공에 간절해져라.

크리스천 라슨

인성은 결코 고정된 것이 아니다

조직 내의 모든 사람은 끊임없이 인성을 바꾸어나간다. 다만 그 방향이 좋은 쪽인지 아니면 오히려 기존의 인성을 손상하며 나쁜 쪽으로 바꾸고 있는지가 문제이다. 유명한 대학 미식축구 팀 코치인 루 홀츠는 "당신은 성장하든지 죽어가든지 둘 중 하나다. '그대로 유지하는 것'은 없다"고 말했다.

이것은 당신의 인성에 있어서도 사실이다. 당신의 인성은 멈추어있지 않다. 당신이 매일 내리는 '사소해 보이는' 결정이 당신의 인성을 좋은 쪽으로 발전시킬 수도, 나쁜 쪽으로 손상시킬 수도 있다. 결국 둘 중 하나로 귀결된다.

오늘의 나는 어제 내린 결정들의 결과이다.

미상

기억하라, 우리의 인성은 나무뿌리와 같다. 뿌리가 깊고 건강할수록 더 튼튼하고 결실이 많은 나무가 된다. 반면 뿌리가 약하고 병들면 건강하지 못해 열매를 거의 혹은 전혀 맺지 못할 것이다. 더 좋은 열매를 생산하려면 나무뿌리에 양분과 물을 주어야 한다. 좋은 열매가 풍성하게 맺히는 것을 보면 뿌리가 건강하다는 것을 알 수 있다.

열매가 나무뿌리의 상태를 말해주는 지표가 되듯이, 우리의 태도와 언어, 행동은 인성의 본성을 나타내는 신호가 된다. 나무의 뿌리를 강화하면 더 좋은 열매를 맺듯이, 개인의 인성을 강화하면 더 좋은 언어, 행동 및 태도가 나타난다.

인성이 나무라면 평판은 그 그림자와 같다.
우리가 나무에 관해 생각하는 바가 그림자라면,
나무는 실제 모습이다.　　　　　　　　　　　　　**토머스 페인**

인간의 특성에 호소하기

첫째, 다른 사람들의 인성에 경의를 표한다면 그들은 앞으로 더욱 인성에 신경 쓸 것이다. 마치 눈덩이와 같다. 일단 굴리기 시작하면 점점 더 커진다.

둘째, 사람들에게는 선생님이든, 부모님이든, 관리자이든, 그들이 존경하는 이들을 기쁘게 하려는 본연의 욕구가 있다. 이 욕구가 바로 관리자들에게 직원을 칭찬하라고 권하는 이유이다. 관리자들은 직원들이 가장 가깝게 지내고 싶어하거나 인정받고 싶어하는 사람들이다. 인성을 칭찬하는 것은 관리자가 무엇을 중요하게 여기는지를 알려주는 분명한 이정표가 되고, 직원들에게 어떻게 일하는 것이 성공적인지를 가르쳐준다.

셋째, 사람들은 당신이 가치 있게 여기는 인성에 대해 확실하게 정립해주기를 바란다. 킴레이에서 우리는 한 달에 1가지의 인성을 강조한다. 관리자는 그것에 대한 이야기를 하고, 그 달의 인성과 정의는 사보와 사내 인터넷 게시판을 통해 모두가 공유한다. 이와 함께 우리는 직원회의에서 각각 다른 인성에 대해 직원을 칭찬한다. 매 회의에서 여러 인성을 정의하고 그 유익함을 설명할 때, 직원들은 이에 대해 이해하고 기억하게 된다.

마지막으로, 직원들은 회사에서 일어나고 있는 일을 알 필요가 있다. 그들은 자신이 회사의 중요한 일부라는 느낌을 받고 싶어하고, 자신의 일이 회사에 이바지하고 있는지를 알고 싶어한다. 인성 칭찬하기는 직원이 소속감을 느끼게 해주고 회사에서 직원들이 소중한 존재임을 일깨워주는 훌륭한 방법이다.

직원들을 만족하게 하는 요인이 무엇인지 알아보기 위해 직원과 경영자를 대상으로 비교연구가 이루어졌다. 경영자들은 금전적 보상이 업무만족도의 주된 요인이라고 생각했다. 돈을 더 벌수록 행복할 것이라고 말이다.

하지만 놀랍게도 직원에게 있어 금전적 보상은 주로 5위나 6위였다. '가치 있는 존재라는 느낌'이 항상 상위권을 차지했다. 실제로 직업전문가들은 '직장에서 바라는 것 7가지'라는 목록에서, 직원이 가장 바라는 것은 내가 하는 일에서 인정받는 것, 즉 '가치 있는 존재라는 느낌'이었다. 행복의 추구에 있어, 많은 근로자에게 '칭찬'은 목록의 1위를 차지한다. 두 번째는 '존중'이었다.

직원은 회사의 성공에 이바지하고 있음을 느끼고 싶어하며 자신의 노력이 인정받기를 원한다. 하지만 우리는 직원에게 그가 잘하고 있는지 그리고 우리가 그를 가치 있게 여기는지를 잘 표현하지 않는다. 직원을 칭찬한다는 건 그들의 인정 욕구를 충족시키는 일임과 동시에 한 사람의 직원도 빠짐없이 중요한 존재임을 알릴 수 있는 기회를 준다.

인성이 성공을 결정짓는다

나는 킴레이가 어떻게 인성을 강조함으로써 성장했는지 예시를 들었다. 다른 조직들도 긍정적 변화를 원하고 재정적으로도 성장하고자 한다면 캐릭터 퍼스트를 실시하고 싶을 것이다. 하지만 이러한 변화와 혜택은 캐릭터 퍼스트에서 비롯되는 게 아니다. 좋은 인성을 가진 직원들이 진정한 비결이다.

당신의 직원이 성공하도록 도울 때, 그들은 당신이 성공하도록 도울 것이다.

성공적인 개인은 성공적인 가정을 만든다.
성공적인 가정은 성공적인 조직을 만든다.
성공적인 개인, 가정 그리고 조직은
성공적인 사회와 국가를 만든다.
인성이 성공을 결정짓는다.

11장

시작단계

어떤 사람은 캐릭터 퍼스트의 영향력을 보고 이렇게 생각할 수도 있다. '시작부터 잘된 거겠지. 아마 시행하기로 하자마자 바로 성공했을 거야.'

하지만 사실, 우여곡절이 많았다.

첫 번째 실수는 몇 달이나 되는 시간 동안 누구와도 내 계획에 대해 얘기해보지 않았다는 점이다. 언제부터 프로그램을 시작할지 날짜조차 정하지 않았다. 계획의 중요성을 몰랐기에, 우선순위에 두지도 않았다. 게다가 일단 아무에게도 말하지 않았기에 내가 책임질 필요도 없었다. 다른 사람들에게 말을 해놓고 인성 훈련에 돌입했다면, 모든 것이 내 책임이었다. 하지만 단지 내 머릿속 생각에 머문다면 프로그램을 시행하면서 오는 변화가 줄 불확실성과 불편함을 마주할 필요가 없는 것이다.

그렇게 4~5개월이 흐른 뒤에야 나는 마침내 인성 훈련을 시행하기로 결정하고 인사부 관리자를 찾아갔다. "낸시, 1월부터 인성에 대해서 직원 교육을 하려고 해요." 낸시와 나는 인성 훈련이라는 게 무엇인지, 그리고 어떤 점에서 인성 훈련이 회사에 도움이 될지 이야기를 나누었다. 그리고 훈련 시작 일자를 확정하는 중요한 결정을 내렸다. 시작일이 정해졌으니, 이젠 돌이킬 수 없었다.

첫 번째 직원회의에서는 그다지 큰 성공을 거두지 못했다. 나는 관리자들에게 앞으로 직원들의 월례회의에서 인성 훈련을 할 거라고 일러두었다. 경영진회의에서 먼저 자리에서 일어나 어느 관리자의 인성을 칭찬하는 말을 하고('충성'에 대한 칭찬이었다) 자리에 앉았다. 그러고는 이런 방법이 직원들의 인성 훈련에서 관리자들에게 기대하는 바라고 설명했다. 하지만 이것만으로는 부족했다.

돌아보니 서투르기 짝이 없는 시작이었다. 우리는 관리자들에게 더 체계적인 방법을 제시해주었어야 했다. 첫 번째 회의 후 관리자 교육이 충분하지 않았다는 게 분명해졌다. 하지만 이게 바로 숨김없이 얘기하는 우리의 첫 회의였다. 지금은 캐릭터 퍼스트 컨설턴트를 초빙하거나 관리자를 교육에 보내도록 권유한다. 그들은 캐릭터 퍼스트의 개요를 받아서 인성 칭찬하기를 실천해보고 월례회의에 관하여 배우게 된다. 이러한 과정은 그들이 성공하는 데 필요한 교육을 제공해줄 것이다.

> 직원을 혹사하는 지름길은 새로운 책임을 주면서
> 그 업무에 필수적인 지시사항이나
> 교육을 제공하지 않는 것이다.　　　　　**켄 블랜차드**

여러 해가 지나고 난 뒤 인성 훈련을 시행할 때 조직이 보편적으로 직면하는 문제들이 무엇인지 알게 되었다. 당신의 회사가 무슨 일을 하느냐 또는 회사가 무엇을 중시하는지는 문제가 아니다. 당신이 사람을 다루고 있다면 분명 하나 이상의 이런 문제와 직면할 것이다. 무슨 일이 일어날지 예상하여 대응할 수 있도록 우리의 경험담을 나누고자 한다.

대중 연설

처음 맞닥뜨리는 문제는 관리자들이 대중 앞에서 연설하는 것을 어려워한다는 점이다. 이들뿐 아니라 대다수가 사람들 앞에서 말하는 데 몹시 두려움을 느낀다. 캐릭터 퍼스트를 처음 시작할 때 우리는 이 문제를 염두에 두지 않았다. 하지만 지금은 관리자들에게 '카네기 연구소'의 훈련을 권유한다. 효과 면에서 훈련에 투자한 돈이 한 푼도 아깝지 않을 정도로 탁월하다. 우리 관리자들은 대중 연설을 경험하고 리더십 훈련까지 부수적으로 받고 돌아온다.

어떤 품성을 칭찬할 것인가?

직원을 칭찬할 때 그 직원을 칭찬할 인성을 고르는 데에 고민을 많이 해야 할 때가 있다. 문제가 있다며 나를 찾아온 어느 관리자가 생각난다. "직원 1명을 칭찬하려고 하는데 그 직원이 보여준 긍정적인 면이 떠오르질 않습니다."

처음 든 생각은 '자신의 장점을 보여주지도 못하면서 왜 우리 회사에서 일하는 거지?'였다. 그 관리자와 나는 가능한 모든 품성에 관해 이야기해보았고, 그는 그 직원을 재평가하는 데 동의했다. 2~3일 후, 그 관리자가 돌아와서 자신의 직원에게서 찾은 몇 가지 긍정적인 면들을 설명했다. 다음 번 회의에서 그 직원은 관리자로부터 인정과 칭찬을 받았다. 나는 그 직원이 인성인증서를 받는 모습을 지켜보기도 했다. 마치 어제 일처럼 기억이 생생하다. 중년의 남자였는데 윗사람과 악수할 때 그는 눈물을 흘리기까지 했다. 나중에 왜 그 직원이 그렇게 감정에 북받쳤는지 이유를 듣게 되었다. 그때 처음으로 그는 다른 사람으로부터 자신에 대한 긍정적인 이야기를 들은 것이다.

사람은 각자 저마다의 장점이 있다. **이솝**

나는 안돼!

어떤 사람은 칭찬받는 것을 불편해한다. 이 사실을 우리는 미처 몰랐다. 거의 1년 동안 우리와 함께 일한 직원이 있었다. 이는 그가 관리자로부터 인정받는 말을 들을 때가 다가오고 있다는 의미였다. 하지만 그는 관리자에게 공개적으로 칭찬받기를 원하지 않는다고 알려 왔다.

그의 일선 관리자는 이렇게 대답했다. "당신은 거의 1년을 여기서 일하며 열한 번의 회의에 참석했어요. 지금은 알지 못하겠지만, 이것은 당신에게 매우 긍정적인 신호입니다. 우리가 얼마나 당신을 가치 있는 사람으로 여기는지, 당신과 동료들이 알았으면 해요. 그뿐만 아니라 나에게는 선택의 여지가 없어요. 이것은 우리 킴레이 정체성의 일부랍니다."

그 대답을 들은 후에도 그는 공개적으로 인정받는 말을 듣는 대신 일을 그만두었다. 당시에도 꽤 젊었기에 다른 직업을 구하는 데 어려움이 없었으리라 믿는다. 하지만 그 일은 어떤 이들이 공개적으로 칭찬받는 것을 원하지 않는다는 것도 강렬하게 인식시켜주었다.

요즘 우리는 신입직원 오리엔테이션에 캐릭터 퍼스트에 대한 설명과 월례회의를 포함하고 있다. 그로 인해 우리 팀에 합류한 모두가 인성 훈련에 쏟는 회사의 헌신 및 그것이 내포하는 의미, 그리고 그 때문에 자신들에게 무엇을 기대하는지를 이해하고 있다. 또한, 우리는 왜 공개적으로 칭찬을 하는지 그 목적을 설명해준다. 이 점을 꺼리는 입사 예정인 직원이 있다면 더 늦기 전에 스스로 입사 여부를 결정할 수 있다.

공식적으로 킴레이의 캐릭터 퍼스트에서는 18년 동안 인정받는 말 듣기를 거절한 또 다른 직원은 아무도 없었다.

경의를 표하기

우리는 세심해야 하고 칭찬을 긍정적 경험으로 만들기 위해 최선을 다해야 한다. 어느 날 아침 한 직원의 아내로부터 전화를 받았다. 그녀는 마음이 몹시 상해있었다. "왜 오늘 아침 직원회의에서 우리 남편을 놀린 거죠?"라고 물었다. 처음에는 무슨 소리를 하는지 알 수가 없었지만, 잠시 후 무슨 일이 있었는지 기억이 났다.

관리자는 그 직원이 인정받고 있다는 말을 해주기 위해 그를 앞으로 나오게 했다. 그가 회의실 앞쪽으로 걸어갈 때 관리자가 농담을 하기 시작했고, 그 직원이 앞에 이르러 뒤돌아보자 그의 급소를 찌르는 농담을 하여 모두가 웃게 되었다. 그래서 그 직원은 사람들이 자신을 비웃는다고 생각한 것이다.

지금 우리는 일선 관리자들에게 회의가 농담 따먹기 시간이 아님을 교육한다. 누군가를 칭찬할 때 그 사람에게 경의를 표하는 모습을 보여주라는 말이다. 즐거운 분위기를 원하겠지만 진지해야 한다. 오해받을 어떤 기회도 만들어서는 안 된다.

또 이 이야기는 어떤 관리자는 여러 사람 앞에서 말하기를 불편해한다는 사실도 되새겨준다. 그 관리자는 회의시간을 채우고 불안함을 감추기 위해 농담을 하려고 했다. 일단 관리자들이 대중 연설에 자신감을 느끼게 되면 침묵을 메우려 농담을 할 필요를 느끼지 못한다. 물론 어떤 경우에는 유쾌하고 깔끔한 유머가 어울린다. 그러나 조심성 있고 신중하게 할 필요가 있다.

적극적 저항

우리가 직면했던 또 다른 문제는 일부 관리자들이 직원 칭찬하기를 거부한다는 것이었다. 어느 날 캐릭터 퍼스트를 도입한 회사의 사장에게서 전화가 걸려왔다. "관리자 1명에게 문제가 있습니다"라고 그는 한탄했다. "이번에 자기 직원에게 칭찬의 말을 할 차례인데, 안 하겠다고 하네요."

질문 하나가 머릿속에 떠올랐다. "그 관리자에게 다른 문제도 있나요?"

수화기 저편에서 한숨 소리가 들려왔다. "그에게는 수십 가지의 문제가 있지요. 하지만 그는 중요한 프로젝트를 수행하는 담당자이기 때문에 우리에게는 중요한 사람입니다. 프로젝트에 관한 대부분의 내용을 알고 있는 유일한 사람이라, 그가 없이는 제시간에 일들을 마칠 수가 없어요. 없어서는 안 될 사람입니다."

나는 잠시 말을 멈추었다. "음, 제 생각에 인성이야말로 사장님과 회사에게 중요한 요소입니다. 회사의 문화를 변화시키시려면, 모든 사람이 한 배에 타야 합니다. 예외를 허락하시면 안 됩니다."

나는 이 말을 들은 사장의 결단이 확고해짐을 감지했다. "당신이 옳소. 나는 내가 해야 할 일을 알고 있소"라며 전화를 끊었다.

그 사장은 다음 주에 다시 전화를 걸어 무슨 일이 있었는지 이야기했다. 그는 그 일선 관리자를 사무실로 불렀다. "인성 훈련은 우리 회사의 일부이네. 자네는 일선 관리자이고 부하직원을 인정해줄 책임이 있다네." 잠깐의 논의 후, 그 관리자는 마지못해 다음 회의에서 직원에게 인정과 칭찬의 말을 해주는 것에 동의했다.

다음 월요일에 모두가 일터로 돌아왔을 때, 얘기를 나눴던 관리자의 책상과 사물함이 깨끗이 비워져있었다. '그 사람'에게 진심 어린 칭찬을 하느니 차라리 한밤중에 회사를 그만두는 게 낫다고 판단한 것이다. 내게 전화를 건 사장은 이게 최선의 해결책이었다고 말했다. 이러한 조치는 그 일선 관리자가 일으킨 모든 문제를 해결해주었다. 처음에는 어려웠지만, 다른 인성 중심의 직원들이 그의 자리를 채웠고 프로젝트도 제시간에 완료함으로써 고객을 대만족시켰다.

이 이야기는 지위나 임기와는 무관하게 "없어서는 안 될 사람이란 없다"는 사실을 상기시켜준다. 만약 누군가가 자신은 그 누구로도 대체 불가능한 사람인 것처럼 군다면, 그것은 형편없는 인성이라는 신호이기 때문에 지적해주어야 한다.

소극적 저항

어떠한 변화든 반발은 반드시 따라온다. 인성 훈련을 시작했을 때의 우리도 자연스러운 저항에 직면했다. 완전한 변화란 어려운 법이다. 고용주가 완벽한 변형으로 이어지는 변화를 주도하기도 어렵지만, 직원이 변화에 적응하는 것도 어려운 법이다. 어떤 직원은 어깨를 으쓱하며 이런 태도를 보일 것이다. "또 누군가가 터무니없이 생각해낸 말도 안 되는 프로그램이군. 지금까지 봐온 것들이랑 비슷한 프로그램일 뿐이야. 이 프로그램 전에도 난 여기 있었고, 이 프로그램이 없어진 후에도 있을 거야. 내가 할 일은 그것보다 더 오래 버티는 거지." 그리고 그들은 훈련 중에 미소를 띠고 고개를 끄덕이며 동참하는 것처럼 꾸민다. 당신은 그들이 인성 훈련을 열심히 받고 있는지 아닌지를 절대 눈치챌 수 없을 것이다.

우리가 캐릭터 퍼스트를 시행한 지 1년 후, 한 관리자가 월례 회의 시작 시점에 간단한 연설을 해도 되는지를 물었다. 나는 어떻게 해야 할지 몰랐다. 그가 미리 연설에 대해 말한 적이 없었기에 무슨 말을 하려는지 알지 못했다. 회의가 끝나고 나면 어쨌든 그가 직원들에게 자기 마음대로 말하리라는 것을 알았기 때문에 발언하도록 해주었다. '최소한 그가 무슨 말을 하는지는 알게 되겠지!'라고 생각했다.

나는 그가 전 직원 앞에 섰을 때 숨을 죽였다. "우리가 캐릭터 퍼스트를 시작했을 때, 저는 그것이 또 다른 프로그램의 하나일 뿐이라고 생각했습니다"라고 그는 말했다. "하지만 첫해가 지난 지금, 저는 이 프로그램을 시도했다는 것이 정말 기쁩니다." 그는 이후 몇 분 동안 인성 훈련이 회사에서 만들어낸 차이를 이야기했고, 또한 일에서 느끼게 된 더 큰 보람과 만족감을 설명했다. 그는 캐릭터 퍼스트를 통해 자신이 체험한 것을 너무나 훌륭하게 증언해주었다. 비록 1년이 걸리기는 했지만, 나는 그가 전적으로 캐릭터 퍼스트에 헌신했음을 알았다. 앞으로는 그가 어디서건 어떤 말을 할지 두 번 다시 걱정할 필요가 없어졌다.

조직 내에 어떤 변화가 있을 때, 회의주의와 소극적 저항이 있을 것임을 염두에 두어라. 하지만 당신이 옳은 일을 하고 있고, 그것이 조직과 직원을 위한 최상의 것이라면, 그에 따른 설명과 훈련을 준비하고 전진하라. 당신이 옳은지 틀린지는 시간이 증명해줄 것이다. 두려움으로 인해 무력해지지 않기를 바란다.

비일관성

내가 배운 또 다른 중요한 교훈은 우리가 의도치 않은 방법으로 직원의 인성 혹은 인성이 결핍된 부분을 강화하려 할 때가 있다는 것이다. 승진과 같은 보상을 제공하는 데 있어서 우리가 인성을 고려하지 못한 것이 그 예이다.

우리 회사에 있는 많은 기계들의 가격은 보통 100만 달러가 넘는다. 새로운 기계를 구매할 때마다, 기계기술자들은 누가 조작담당자로 배치될지를 매우 궁금해한다. 그것은 명예로운 일이다. 기계기술자들 사이에는 서열이 존재하는데, 가장 높은 기술력을 보유한 사람은 새로운 기계를 다루는 자리로 승진되기를 기대한다. 이러한 현상은 숙련된 기술을 요하는 다른 업계에서도 마찬가지다.

몇 해 전, 우리는 새로운 CNC 기계를 구입했는데, 누가 조작담당자가 될지를 결정해야 했다. 담당자를 발표하기에 앞서, 나는 관리자에게 어느 직원을 선정했는지 물었다. 관리자가 해당 직원의 이름을 말해주자, 나는 그가 뛰어난 기술력을 가지고 있으며 일 처리 솜씨가 빠른 직원이라는 사실과 동시에 형편없는 태도를 보인 직원이라는 것을 알아차렸다.

나는 "직원들에게 잘못된 메시지를 심어주고 싶지 않네"라고 관리자에게 말했다. "다른 직원들 모두 누가 새 기계에 배치될지 지켜볼 걸세. 그들은 이것을 '보상'이라고 생각한다네. 우리가 인성을 고려한다는 점을 확실히 해두어야 하네." 우리는 얼마간 더 논의했고, 관리자는 선택을 재검토하기로 했다.

살펴보니 같은 부서에 업무능력이 탁월한 또 다른 직원이 있었다. 업무를 처리하는 솜씨가 재빠르지는 않았지만, 한결같은 태도와 근면성이 그러한 약점을 충분히 보강해주었다. 더구나 그는 이러한 품성을 일관되게 보여주었다. 결정의 여파를 고려한 후, 일선 관리자는 좋은 인성을 보여준 그 직원을 새 기계의 조작담당자로 배치했다.

사소해 보일 결정이었지만, 직원들은 그 결정을 통해 인성이 기술보다 더 중요함을 알게 되었을 것이다. 직원들을 혼란스럽게 하는 메시지를 심지 말라.

항의 투서

언제든지 변화를 시작할 때면 이를 좋아하지 않는 직원들도 있기 마련이고, 나아가서는 복수의 도끼날을 갈 기회를 엿보는 사람들도 있을 것이다. 또 그중 몇몇은 마음을 닫은 채 마음속 의견을 나누지 않을 것이다.

처음 캐릭터 퍼스트를 시작했을 때, 이따금 날아온 항의 투서는 나를 무척 당황스럽게 했다. 익명이었기에 거리낌 없이 사실을 과장하고 감정을 자극하는 말을 했다. 그 편지를 읽는 것은 고통스러웠다. 캐릭터 퍼스트를 시행할 다른 회사들도 비슷한 메시지를 받게 될 것이다.

이렇게 힘든 시간을 지나는 당신을 격려하기 위해, 킴레이에서 캐릭터 퍼스트를 시작한 지 2년이 되던 해에 받은 악랄한 편지를 하나 실었다(편집을 일절 하지 않았다). 아래의 편지는 우리

공장 전체에 배포되었다.

　　　당신은 만족하십니까???

　1993년 이래 공장 근로자들은 근로 만족에 관해 많이 이야기해왔습니다. 경영진은 직원 만족 정책을 시행하다 보면, 우리 직원들이 결국에는 행복한 작은 복제인간이 될 거라고 생각하는 것 같습니다. 사건의 진상은 우리 중 많은 사람의 급여가 짧게는 8년, 길게는 15년간 인상되지 못했다는 점입니다.

　경영진은 지난 7년간 인플레이션이 3퍼센트였다고 말해왔습니다. 이 말인즉, 공장 근로자들이 킴레이에 충성을 다함으로써 21퍼센트의 임금 손실을 참아야 했다는 거지요. 안타깝게도, 우리가 후원하는 사업은 이런 우리의 딜레마에 무관심한 채 제품과 서비스의 가격만 계속해서 올리고 있습니다.

　경영진은 이전보다 우리 회사의 수익이 더 높아졌고, 생산 규모가 더 커졌으며, 킴레이 역사상 그 어느 때보다 부품을 많이 출하하고 있다고 계속해서 말합니다. 경영진은 빈털터리 근로자들을 '세계 최고'라 부르지만, 우리는 여전히 급여 인상을 받지 못하고 있습니다.

　우리는 만족해야 한다는 말을 듣지만, 경영진의 관점에서 한번 볼까요? 그들은 아직도 우리의 부품 생산량에 만족하지 못합니다. 조작원이 조종해야 할 기계를 더 많이 들여오고 단 몇 초라도 헛되이 보내지 못하도록, 우리가 기계를 작동하는 시간을 끊임없이 모니터링하고 있습니다. 경영진은 심지어 직원 배우자의 건강보험료를 지급하는 데 불만스러워하는 모습까지 보입니다. 이것 역시 사실은 또 다른 급여 삭감을 초래합니다.

월례회의는 공장 근로자들에게 스트레스를 주는 원천입니다. 킴레이가 매달 얼마의 수익(호텔 1채를 사기에 충분한)을 냈는지 흑백의 그림으로 보여주기는 하지만, 현장 근로자들에게 고정급여 인상의 형태로 흘러오는 것은 조금도 없습니다. 킴레이는 자신의 생계를 책임지고 꾸려가는 당사자들에게, 세계 경제 침체를 고정급여 인상 보류의 핑곗거리로 삼는 게 분명합니다. 킴레이보다 헌신적이고 장기간 일하는 직원을 둔 회사는 없습니다. 킴레이의 경영진이 '세계 최고'란 말을 입에 담는 것이 부끄러운 일이지만, 그게 전부죠. 보너스는 주었다가 언제든지 되가져갈 수 있고요. 경영진은 급여 인상에 대해 직원들과 논의조차 하지 않을 겁니다. 그것은 그들의 본심이 돈 버는 데 있다는 것을 보여줍니다.

킴레이는 새로운 차량, 새로운 기계, 컴퓨터장비 또는 그 신문에서 말하는 '호텔' 구매에 지출하기를 마다치 않습니다. 그렇습니다, 우리는 킴레이의 근로자들이 세계 최고라고 믿습니다. 하지만 유감스럽게도 경영진은 그 수준에 걸맞은 급여 인상을 하지 않습니다. 언제까지 킴레이가 우리를 '세계 최고' 노동자라 부르면서도 이류 시민처럼 대우하게 할 것입니까? 더 이상은 침묵하지 맙시다! 당신 자신을 위해, 당신 가족을 위해, 우리가 어떻게 느끼는지를 경영진에게 알려야 합니다.

다행히도 그 소식지를 읽을 때 나는 혼자였다. 즉각적으로 반응했다면 '좋은 인성'으로 여겨지지 않았을 것이다. 하지만 좋은 인성을 가진 사람이라면 비판에 적절히 대응해야 한다. 그렇기에 나는 얼마 동안 어떻게 대응할지를 고민했다.

내용의 많은 부분이 허위이며, 대부분의 직원은 편지에 쓰여진 것처럼 불만을 품고 있지 않았다. 하지만 옛말에, "아니 땐 굴뚝에 연기 나랴"라고 했다. 그렇기에 나는 이 편지를 굴뚝의 '연기'로 여기고, 지적하고 고쳐야 할 진실이 단 1퍼센트라도 있는지 판단하기 위해 신중히 검토해야 한다고 믿었다.

나는 편지를 복사해 최고 관리자회의에서 주의 깊게 검토하기로 했다. 어떤 비판이라도 그것이 타당하다면 확인하고 바로잡아야 한다. 〈공장 소식지〉의 내용을 요약해서 공장 전체 경영진에게 배포했다. 그 결과, 시간 관리 틀과 직원 인사고과 방법에 있어 일부 문제를 발견하였고, 우리는 이를 바꾸기로 했다. 다음 직원회의에서 경영진은 절차상의 결점을 보완하고 새로운 프로세스의 윤곽을 제시한 뒤 직원들에게 용서를 구했다.

생활 방식

당신의 개인적인 생활과 가정 및 회사에서 인성을 강조한다는 것은 전적인 시간을 필요로 하는 일이다. 당신이 내리는 모든 결정은 인성을 단련시키거나 약화시키거나 둘 중 하나이다. 당신이 이 점을 받아들이고, 인성을 단련하며, 모범이 되어서 타인의 인성 계발을 고무시키는 데에 전념한다면, 그것은 모든 사물과 사람에 대한 당신의 관점을 변화시킬 것이다.

당신의 인성이 성숙할수록 그것은 삶의 나침반이 될 것이다. 처음에 그것은 작은 결정을 내릴 때 당신이 절실히 필요로 하는 방향을 제시하고, 옳은 일을 하는 것이 쉬워지게 되면 더 크고 난해한 인생의 결정적 판단을 할 때도 올바른 방향으로 인도할 것이다.

인성이 성공을 결정짓는다.

12장

캐릭터 퍼스트 직원회의

킴레이에서 인성 교육을 다루는 직원회의를 제대로 주관하기까지 꽤 긴 시간이 걸렸다. 만약 누군가가 이 회의에 참석한다면, 우리가 얼마나 섬세하게 회의의 세부사항에 신경을 쓰고 있는지 알 수 있을 것이다. 회의를 어떻게 준비하느냐는 대단히 중요하다. 특히 각각의 회의는 직원들이 예상할 수 있도록 일관성이 있어야 한다.

빈도

캐릭터 퍼스트 프로그램을 시작하면서 나는 회의를 얼마나 자주 열어야 할지 몰랐다. 처음 생각은 매일 아침 만나는 것이었지만, 제조공장에서 회의를 하겠다고 아침마다 한가로이 앉아있는데 드는 비용은 어떤 식으로든 정당화하기가 어려워 보였다. 또한 매일 하는 회의를 직원들이 받아들이기 힘들 것이란 우려도 했다. 주간회의도 과해 보였다.

최종적으로 정해진 것은 월례회의였다. 한 달에 한 번이라는 회의 빈도는 캐릭터 퍼스트가 실질적인 효력을 낼 수 있는 원동력이 되었다. 캐릭터 퍼스트를 도입한 대부분의 조직에서 월례회의가 매우 효과적이라는 사실이 입증되었다. 이 일정은 한 달에 한 번씩, 딱 하나의 인성에 집중하기 쉽게 해주며, 모든 직원이 최소한 1년에 한 번씩 인정받는 말을 들을 수 있도록 보장해준다.

하지만 일부 회사는 일상의 업무 관례에 따라 교대 근무 전 5~10분간 직원회의를 연다. 이러한 방식도 캐릭터 퍼스트를 회의의 일부분으로 쉽게 자리 잡을 수 있게 해준다.

장소

회의는 근사한 회의장이나 독립된 건물에서 열지 않아도 된다. 킴레이에서는 초반에 고정된 회의 장소가 없어서 몇 년간 화물적재소 근처 창고에서 회의를 했다. 200개의 빨간색 접이식 의자를 정렬하고 프로젝터와 영상 스크린을 설치했었다. 요즘 회의는 사내에 있는 멋진 회의실에서 열리는데, 직원들은 푹신한 킴레이의 검붉은 의자에 앉는다. 우리는 팝콘, 커피 그리고 차와 같은 다과를 준비한다. 이런 다과는 직원들이 회의의 중요성을 인식하고 기대하게 만드는 좋은 장치이다. 하지만 사실 어디서 회의를 여느냐는 사소한 문제이다. 더 중요한 것은 회의에서 무엇을 하느냐이다.

정시에 시작하기

우리는 시간 엄수의 중요성을 몸소 보여주려고 모든 회의를 정시에 시작하고 마친다. 직원들은 회의 시작 전에 자리해야 한다. 직원들이 정시에 오는 것을 높이 평가해 칭찬하는데, 이렇게 하면 약속시간을 지키는 것의 중요성이 강화된다. 늦는 사람이 도착하기를 기다린다면, 회의는 결코 정시에 시작할 수 없을 것이다. 시간 엄수에 대한 기대가 사라진다면, 어떤 직원들은 슬그머니, 조금씩, 점점 늦게 나타날 것이다.

참석

우리 회사에서 회의 참석은 의무이다. 자발적으로 회의에 참석하면 점심이나 기념품 같은 것을 제공하는 회사도 있었다. 그러나 안전에 대한 회의를 하는데, 여기에 참석하는 것이 선택사항일 수 있을까? 그렇지 않다. 인성 훈련은 안전 교육 못지않게 중요하다.

회의에 선택적으로 참석할 수 있다는 건 인성도 선택적이라는 이야기와 다를 바 없다. 인성에 대해 중요하다고 말만 하지 말고, 인성이 당신 회사의 핵심 가치임을 곳곳에서 입증하라. 직원 모두가 근무시간에 인성 훈련에 참석하도록 요구해야 한다. 한 달에 한 번, 30~45분 정도가 시간적 비용 대비 효율이 높다. 회의에 참석해서 얻는 장점이 비용보다 훨씬 더 크다.

리더

당신의 조직이 인성을 중요시 여긴다는 메시지를 전하기 위해서는 고위급 리더가 회의를 직접 주관해야 한다. 회의 중에 관리자는 직원 개개인을 인정하는 말을 해주고, 임원급 리더는 회의의 진행자가 되어야 한다. 킴레이에서는 회장이 회의를 이끈다.

형식

우리는 회의를 위한 엄격한 형식을 만들어나갔다. 모든 회의
는 그 달에 입사기념일을 맞은 직원을 칭찬하는 말로 시작한다.
그런 다음 대차대조표, 손익계산서 및 근로자의 금전적 보상 보
고를 포함한 킴레이의 약식 재무보고를 설명한다. 이 절차는 직
원에게 회사의 열린 마음을 전달할 뿐 아니라 직원들이 자신이
한 일에 따른 손익을 이해할 수 있게 해준다. 그들은 매월 얼마
의 이익을 회사가 창출했는지, 각 부서의 이익창출이 어떠한지
에 대해 알 수 있다. 근로자의 금전적 보상보고에서 작업 중에
사고를 당한 직원을 밝히지는 않지만, 사고의 형태와 비용은 보
고한다.

킴레이는 사기업이기에 공개적으로 재정보고를 할 의무가 없
다. 실제로 우리가 재정공개를 시작했을 때, 몇몇 회의적인 직원
들은 "그냥 꾸며내는 거야. 진짜 재정은 우리한테 보여주지 않겠
지"라며 투덜거렸다. 하지만 이런 말에 구애받지 않고 우리는 계
속 해나갔고, 이윽고 가장 강성인 회의주의자들이 우리를 믿어
주기 시작했다. 우리는 근 20년간 재정공개를 실천했다. 직원에
게 조직의 대차대조표를 보여주는 것보다 더 큰 신뢰를 얻는 방
법은 없다.

캐릭터 퍼스트 직원회의를 이끄는 킴레이 회장, 탐 힐 3세

돈을 어떻게 벌어 어떻게 쓰는가,

즉, 돈을 다루는 것에서 그 사람의 인성을

가장 결정적으로 확인해볼 수 있다.   **제임스 모펏**

우리는 계속해서 회사의 정책, 직원들을 위한 새로운 프로그램 및 다른 중요한 정보에 관한 일반적 공지를 한다. 회의의 마지막 10분은 다음 달에 강조할 인성을 설명하는 데 활용된다. 전체 회의는 의도적으로 45분이 소요되도록 계획했고, 항상 정시보다 더 일찍 끝나도록 신경 썼다.

시작과 종료

회의에서 가장 중요한 건 시작과 끝마침이다. 처음이 중요한 이유는 사람들이 기대감을 가지고 주의를 기울이기 때문이고, 끝마침이 중요한 이유는 직원들이 마지막에 들은 말을 잘 기억할 가능성이 크기 때문이다.

직원회의의 주요 목적은 입사기념일을 맞은 직원에게 인정의 말과 칭찬을 해주고 이달에 집중해야 할 인성을 소개하는 것이다. 기타 여러 일들이 다루어질 수 있겠지만, 다른 일들은 최대한 생략하거나 단축해야 한다. 인성에 쏟는 시간은 단축하지 말라. 회의시간을 조절하려면 회의에 굳이 없어도 되는 순서를 줄여서 조절하라. 모든 회의는 인성에 대한 논의로 시작하고 끝마쳐라.

기억하라. 회의의 주목적은 인성이다.

다중 교대 근무제

우리는 효과적인 직원회의를 위해 많은 문제를 해결해야 했다. 그중 하나가 어떻게 다중 교대 근무제를 다루느냐였다. 킴레이에서는 500명의 직원이 3교대로 근무하므로, 모두가 같이 회의에 참석하는 것은 비현실적이다.

결과적으로 각각의 소규모 교대 근무팀은 그들만의 회의를 하고 더욱 큰 교대 근무팀은 여러 모임으로 나뉜다. 이렇게 함으로써 직원 모두가 같은 날에, 같은 사람으로부터, 같은 정보를 얻을 수 있다. 의사소통이 잘못될까 또는 교대시간 외에 근무하는 직원이 있을까를 염려할 필요가 없다.

우리와 함께 일한 어느 회사는 1명이 쉬면, 다른 1명이 일하는 3교대 시스템인 연속생산공정을 갖고 있었다. 그들의 해결책은 다음 교대 근무자가 직원회의에 참석하도록 한 달에 한 번은 더 일찍 오게 하는 것이었다. 회의 후에 일을 마친 교대 근무자를 쉬게 했으며, 그 직원은 회의에 참석하기 위해 더 오래 머물렀다. 당신이 인성 훈련에 헌신한다면 조그마한 창의성으로 어떤 문제든 쉽게 해결할 수 있다.

여러 장소에서 회의를 운영하는 법

여러 장소에서 동시에 회의를 개최하는 것은 또 다른 도전이었다. 킴레이에는 현재 10개의 구분된 시설이 있다. 회사가 성장하면서 "현장에 없는 직원은 어떻게 회의에 참여하게 할 수 있을까?" 하는 의문이 생겼다. 그 해결책은 생각보다 간단했다.

우리는 본사에서 회의를 촬영해 DVD로 전송한다. 24~48시간 이내에 회의 모습을 담은 DVD를 모든 지역에 전달해 경영자들이 직원회의를 열 때 이것을 활용하게 한다. 그러면 다른 지역

직원일지라도 본사회의에 참여한 일원이 된 것처럼 느낄 수 있다. 지역에 따라 칭찬하는 시간이 다르고 논의할 주제가 다르기에 DVD의 어떤 부분은 건너뛰기도 한다.

다른 어느 회사는 월례회의에 앞서서 전 지역의 최고위급 경영자들이 전화회담을 가짐으로써 다중의 장소에 관한 문제를 해결한다. 관리자는 경영자가 그들 지역에서 강조하고자 하는 정보를 공유한다. 그러고 나서 그 관리자는 자신의 직원들과 회의를 연다.

또 다른 회사는 화상회의나 인터넷을 활용함으로써 관리자들이 회의를 본부에서만 진행하는 일을 최소화한다. 일반적으로는 회의 구조가 바뀌어 대규모 회의가 많이 사라지고 직원 칭찬하기와 재정보고 등 소규모 회의가 지역별로 진행되게끔 한다. 인터넷, 스카이프, 페이스타임 등 기술의 발전 덕분에 여러 지역에 있는 직원과 동시에 회의를 할 수도 있다.

규모

여러 장소에서 열리는 회의는 그 자리에 참석하는 직원의 숫자뿐 아니라 회의에서 칭찬받는 직원의 수도 줄어들게 한다. 경험상 회의 참석인원은 60~80명이 적당하다. 계산을 해보면 그 이유를 알 것이다.

매 회의에 60명의 직원이 온다면, 칭찬받는 직원은 아마 5명 정도 될 것이다. 세상은 빠르게 돌아가고, 사람들은 지루한 말을 듣지 않는다. 직원 1명에게 인정의 말을 해주는 데에 보통 2분에서 5분이 걸린다. 5명 이상의 직원에게 칭찬을 한다면, 전체 회의시간 중 상당한 부분을 칭찬 증서 수여에 쓰는 위험이 일어날 수 있다. 그러면 중요한 사안을 논의할 시간을 잃을 것이고, 직원들의 회의 참여는 저조해질 것이다.

모 아니면 도

일단 인성 훈련을 하기로 했다면 시작하라. 비난을 감수하라. 그리고 문제를 극복하라. 붕대 푸는 것을 생각해보자. 붕대를 오래 잡아당길수록 아픔이 더 오래간다. 과감하게 단번에 풀어내야 한다. 질질 끌지 말라. 긴 시간 동안 인성 훈련을 잡고 있다 보면, 문제를 예방하기보다는 문제를 연장하는 경우가 많다. 인성 훈련의 단계로 진입해본 회사들은 이것이 덜 효과적이라는 것을 알게 됐는데, 그 이유는 조직이 온전히 헌신하지 않는다는 것을 의미하기 때문이다. 부분적인 헌신은 인성 훈련에서 선택사항이 아니다. 필수조건이다.

캐릭터 퍼스트를 시작한 직후, 호주의 한 대형 식품유통회사에서 다른 직원들에게 존경받는 직원의 오랜 절도행각을 알게 되었다. 최고위급 간부 몇 명이 이 문제를 처리하기 위해 회의에 소집되었다. 어느 간부가 "그를 해고할 사유가 충분하지만 우선 얼마 동안 시간을 두고 고려해보자"는 입장을 내놓았다. 하지만 다른 경영자가 딱 잘라 말했다. "해고를 단행하지 않는다면, 우리는 '인성을 최우선으로'에서 '인성은 상황에 따라'로 우리의 가치를 바꾸어야 할 겁니다." 그의 말을 듣자 무엇이 옳은 결정인지 명백해졌다.

선물

킴레이에서는 직원에게 인성인증서 외에 조그마한 선물을 입사기념일에 준다. 그것은 그들이 회사에 가치 있는 존재임을 알려주고, 기념일을 기억에 남게 한다. 선물은 장식용 핀, 책, 돋보기 달린 서진書鎭, 계산기와 펜 세트 또는 킴레이 기압계같이 소박한 것들이다. 이따금 액자에 넣은 〈독립선언서〉나 〈십계명〉 같은 좀 더 비싼 것이 될 때도 있다. 가장 인기 있는 선물은 킴레이 포켓 나이프, 래더맨 만능 공구, 빨간색 맥라이트 손전등 그리고 킴레이 머그잔 세트였다. 또 많은 직원은 창사 60주년에 주는 현금 60달러도 좋은 선물이라고 입을 모았다.

또 개근한 직원과 무사고 경력의 직원을 칭찬하는 데 직원회의를 활용하기도 한다. 그들에게는 공로에 대한 감사의 의미로

현금이나 상품권을 준다.

공통언어

캐릭터 퍼스트는 회사에 스며드는 공통언어를 창출한다. 비록 한 달에 하나의 인성만 강조하더라도 당신은 3~4개의 다른 인성을 가진 직원을 칭찬할 수 있다. 이 직원이 칭찬받을 때, 다른 직원은 추가적인 인성과 그것의 정의 그리고 그 인성이 어떻게 그들의 삶에서 나타났는지를 듣게 된다.

사람마다 단어에 각자 다른 의미를 부여하고, 이것이 서로 간의 의사소통에 문제를 일으킨다. 몇 해 전, 어느 직원이 엑스레이로 간을 촬영했다. 의사는 이상을 발견하고 암으로 의심된다고 했다. "어디서 근무하십니까?"라고 의사가 물었다. 그는 '킴레이Kimray'에서 일한다고 말했다.

의사는 그것이 '켐레이Chemray'라고 생각해 "화학물질을 다루는 일을 하시나요?"라고 되물었다.

"제가 화학물질에 대해 아는 것은 1가지뿐입니다"라며 직원은 그 화학물질의 이름을 말했다.

의사는 고개를 저으며 말했다. "화학물질에 대해서 아는 바가 없어도 그것이 암의 요인일 수 있습니다."

그 직원은 다음 날 일터로 돌아와 우리 공장에서 쓰이는 화학물질이 간암을 유발해 자신이 죽어가고 있다고 사람들에게 말했다. 또 화학물질을 가지고 계속 일하면 그들도 암에 걸려 죽을 것이라고 했다. 몇 시간 만에 공장에는 대소동이 일어났다(추후의 검사를 통해 첫 번째 검사가 오류였음이 밝혀졌다. 그의 간에는 반점이 없었다. 암에 걸린 것이 아니었다. 그리고 오랜 후에 고령의 나이가 되어 자연스럽게 그의 천명을 다하고 사망했다).

많은 직원이 그의 말에 심란해했다는 이야기를 듣고 그를 사무실로 불러서 이렇게 말했다. "그다지 충성스러운 행동이라고 할 수 없겠습니다."

"충성이라고요?" 그는 물었다. "35년 동안 여기서 일했는데, 어떻게 충성심이 없다고 하시지요?" 그에게 있어서 충성이란, 근속기간이었다.

충성에 대한 캐릭터 퍼스트의 정의는 "어려울 때일수록 내가 섬기는 사람에게 헌신을 다하는 것"이다. 그 뜻은 당신이 문제를 알게 되거나 부당한 대우를 받고 있다고 생각할 때 다른 사람에게 말하기 전에 섬기는 사람에게 그 상황을 해결할 기회를 주는 것이다.

인성 훈련은 공통의 어휘를 만들어낸다. 그럼으로써 시간 엄수, 경청 또는 유연성에 대해 누구나 이해할 수 있도록 해준다. 의사소통과 당신의 말을 남들이 이해하게 하는 것은 분명 당신의 책임이다. 인성에 대한 공통언어를 사용하면 이것을 달성할 수 있다.

적용단계

우리가 킴레이에서 인성 훈련을 시작했을 때, 모든 것이 새롭고 신선하며 흥미진진했다. 우리는 계속해서 인성을 칭찬하고 월례회의를 열고 캐릭터 퍼스트 자료를 전 직원에게 배포했다. 많은 직원들이 그 자료를 집까지 가져가서 가정에서도 활용했다. 우리는 회사의 문화가 개선되면서 놀라운 일이 일어나는 것을 목격했다. 그리고 우리는 지금도 끊임없이 훈련을 개인적으로 적용하고 유지하여 가치를 더할 방법을 모색하고 있다.

유지수준을 향상시켜주는 1가지 확실한 방법은 배운 직후에 새로운 아이디어를 논의하는 것이다. 이것은 5~10명의 직원이 회의를 할 때 효과적이고 60명이나 그 이상의 직원회의에서는 현실성이 떨어진다. 우리는 매번 회의가 끝날 때마다, 논의시간의 부재는 인성 훈련의 효과를 반감시킨다는 것을 깨달았다. 당시 캐릭터 퍼스트의 경영진이었던 래리 로즈는 많은 조직에서 같은 문제를 발견했다. 그는 지금 우리가 '적용단계'라고 부르는 이것을 권함으로써 문제의 해결을 도와주었다.

적용단계는 매우 단순하며 참가자에게 훈련을 거의 또는 전혀 요구하지 않는다. 월례회의 후 일주일 내에 관리자는 자신의 부하직원 모두와 회의를 한다. 이 소그룹 회의에서는 캐릭터 퍼스트로부터 받은 자료를 토대로 한 논의용 질문을 활용해, 인성에 대해 15~20분간 토론시간을 갖는다. 이 시간 동안 참석한 모든 직원은 그 달의 인성에 관하여 의미 있는 대화를 나눈다.

또한, 참가자들은 해당 인성으로 인해서 자신 스스로와 동료 직원들, 그리고 회사에 어떤 방식으로 유익한 상황을 만들었는지 설명해야 하며, 업무 현장에서의 최근 모범 사례를 떠올려보도록 요청받는다. 또 나쁜 인성으로 인해 부정적인 결과가 야기된 경우를 기억해내기도 한다. 이런 대화와 작업 현장에서의 모범 사례는 인성을 개인적이고 기억에 남는 일로 만들어준다. 대개 일선 관리자가 회의를 인도하지만, 때에 따라 구성원들이 대화를 이끌기도 한다.

우리는 킴레이에서 이 적용단계가 직원회의의 소중한 연장선임을 알게 되었고, 그것을 약 6년간 이어가고 있다. 다른 조직들도 이 점이 캐릭터 퍼스트 프로그램의 중요한 요소임을 알게 되었다.

캐릭터 퍼스트 직원회의의 이점

직원회의에는 여러 가지 이점이 있다.

- 직원을 공개적으로 인정해주는 조직적인 방법을 제공한다.
- 다음 달에 집중할 새로운 인성을 소개할 시간을 준다.
- 인성에 대한 검토 역할을 한다.
- 기념 선물을 증정할 기회를 마련해준다.
- 직원들에게는 다른 부서의 직원들을 알아갈 수 있는 계기가 되고, 신입직원들에게는 장기근속한 직원들을 만날 기회의 장이 된다.
- 조직 내에서 승진할 기회를 알려준다.
- 조직의 간략한 재무상황을 보여줄 시간을 마련한다.
- 이익, 손실, 지출 및 그 밖의 사업적 구상을 설명하는 자리를 마련해준다.
- 안전과 건강보험 같은 중요한 사안에 대해 논의하고 조직에 관한 공지를 할 수 있다.
- 관리자에게 더욱 많은 청중 앞에서 연설하는 훈련과 경험의 기회를 준다.

요약하자면, 캐릭터 퍼스트 직원회의는 직원들에게 감사를 전할 기회, 인성 훈련의 기회 및 조직에 대한 중요한 정보를 전달할 기회를 제공한다. 제대로 실행된다면, 회의는 모두에게 유익한 시간이 될 것이다.

13장

공개적인 인정

공개적인 인정은 직원을 칭찬하고 경의를 표하며 존중을 표현하는 방법이다. 우리는 몇 달에 걸쳐, 누구든지 개개인을 공개적으로 인정하거나 경의를 표하는 데 사용할 수 있는 지침들을 개발했다.

준비

사람은 알면 알수록 칭찬하기가 쉬워진다. 바로 전날까지 미루지 마라. 1년 내내 차근차근 준비하라. 시간을 투자하고 진심으로 그 사람에게 경의를 표하라.

그 직원을 알아가고 그의 가족에 대해서도 물어보라. 이름의 뜻을 찾아보라. 취미와 좋아하는 것, 싫어하는 것에 대해 알아보라. 조직 내에서의 이력은 어떤지, 얼마나 오랫동안 여기서 근무했는지, 업무는 무엇인지 또 어떤 승진을 해왔는지를 알아보라. 교육 배경은 어떠한가? 기술 교육을 받은 적이 있는가? 어느 조직에 속해있는가? 자원봉사를 하는가? 등 다양하게 질문을 던져라.

쉽게 이해하고 적용할 수 있는 방식으로서 독특한 업무 원리를 삽화로 전달하는 워드픽쳐word picture를 생각해보라. 예를 들면 다음과 같다. "수지의 직업은 작업 주문의 흐름을 공장에 편성하는 것입니다. 그녀는 어느 시간에 어떤 작업이 어느 기계로 배치될지를 결정합니다. 방향을 알려주고 업무가 원활히 흘러가도록 하는 교통경찰과 같습니다. 그녀는 스케줄 전반에 대한 조감도를 가지고 있습니다. 그녀의 방향지시를 따르지 않으면 충돌사고가 날 것입니다."

말하려고 생각하는 것을 써보라. 작가이자 연설가인 엘리자베스 엘리엇은 이렇게 말했다. "적어보기 전까지는 당신이 무슨 생각을 하고 있는지 절대 모를 것이다."

다음은 공개적으로 직원을 인정하기 위해 준비하는 인성인증서 작성할 때의 예이다. 여기에 적힌 정보는 나중에 인증서를 준비할 때 활용할 수 있다.

인성인증서 서식 샘플

인성 인정하기의 목적은 긍정적 인성을 칭찬함으로써 각 사람이 자신의 완전한 잠재력에 도달할 수 있도록 격려하기 위함이다. 사려 깊고 철저한 준비를 하면, 직원의 기억에 반드시 남을 긍정적인 경험을 이루어줄 수 있을 것이다. 각 사람이 자신의 인성을 칭찬받음으로써 느끼는 감사와 격려는 이 특별한 행사를 준비하며 공들인 시간과 에너지를 보상하고도 남는다.

이름: (별명보다는 각 사람의 이름을 사용한다.)

  토머스 E. 스미스

입사기념일: 1996년 12월 1일   근무 연수: 14년

소개: (이름의 뜻, 가족, 취미, 관심사에 관해 적절히 기록한다.)

토머스 씨에게는 아내와 2명의 자녀가 있습니다. 셋째 아이로 아들을 임신 중입니다. 낚시, 가족과 캠핑하는 것을 좋아합니다. 자녀들과 시간을 많이 보내며 자녀들에게 운동을 가르칩니다.

맡은 일: (일한 약력, 현재의 직위, 직무를 요약한다.)

토머스 씨는 고등학생 때 킴레이에서 시간제 직원으로 일을 시작했습니다. 졸업 후 공장에서 일하면서 야간에는 제도 과정을 수강했습니다. 제도 부서로 옮겨 현재 6년째 일하고 있고 최근 상급 제도사로 승진했습니다.

1. 정의: (그 사람이 자주 보여주는 인성을 선택하고 정의를 내린다.)
인성: 솔선 vs. 빈둥거림
정의: 누군가가 처리해야 할 일을 요청받기 전에 먼저 알아서 하는 것.

2. 사례: (선택된 인성이 어떻게 나타났는지 구체적인 사례를 든다.)
토머스 씨는 개인적 삶에서 뿐만 아니라 직장에서도 여러 가지 방법으로 솔선수범합니다. 한 예로, 토머스 씨는 최근 우리 기계의 작동 변화를 추적하고 기록하는 과정에 관한 개선의 필요성을 느꼈습니다. 그리고 스스로 다양한 방법을 조사하고, 각 시스템의 약점과 강점을 정리한 보고서를 작성했습니다. 우리는 토머스 씨의 보고서를 검토한 후 가장 적합한 시스템을 선택하여 시행할 수 있었습니다.

3. 유익: (그 사람의 삶에 나타난 이 인성이 어떻게 당신 또는 주변 사람들에게 유익을 주는가?)

토머스 씨가 개선한 새로운 시스템으로 우리는 기계 작동 기록의 정확도를 향상시킬 수 있었습니다. 우리는 이제 각 제품에 어떤 변화가 있었는지, 그리고 그 이유는 무엇인지를 신속히 판단할 수 있습니다. 제대로 작동되지 않아 폐기된 기존의 구식 절차에서 벗어나 최신 공학 도면으로 작업하여 비용을 절감시키고 제품의 질을 향상시킬 수 있었습니다.

결론: 토머스 씨, 당신의 솔선과 14년 동안의 노고에 감사드립니다.

일선 관리자: 스콧 D. 대쉬   날짜: 2010년 12월 10일

인성인증서

킴레이의 직원들을 인정하는 일종의 이벤트를 시작했을 때 우리는 이 프로젝트가 특별하게 여겨지기를 바랐다. 또한, 직원들에게 인정받은 일을 기억나게 할 만한 무언가를 주고 싶었다. 우리가 고안한 것은 직원에게 줄 개별적인 인성인증서를 만들어 수여하고 사본은 직원의 인사 기록에 끼워두는 방법이었다.

인성인증서는 무척 간단하다. 졸업식이나 교육 과정 수료 때 받는 증서들과 비슷하다. 처음에 우리는 무늬가 없는 백지 증서를 구입해 사용했지만 요즘 캐릭터 퍼스트에서는 모든 기관에

서 사용할 수 있는 예쁜 여백의 인성인증서를 제공한다.

증서의 앞면에는 이름과 인증하는 인성, 그리고 그 인성의 정의가 적혀있다.

가나다 주식회사 인성인증서

토머스 E. 스미스

인증 인성: 솔선

인성 정의: 누군가가 처리해야 할 일을 요청받기 전에 먼저 알아서 하는 것

위 사람은 솔선의 인성을 보여주었기에 표창함

일선 관리자: 스콧 D. 대처

2010년 12월 1일

한 걸음 더 나아가, 앞면에 금장을 부착하고 회사의 인장으로 금장을 양각한다.

증서 뒷면에 우리는 관리자가 해당 직원이 가진 인성을 기록

한 내용을 인쇄한다. 어떤 말을 쓸지 심사숙고하는 것은 중요하다. 이것은 앞으로 그 직원의 인성을 증빙하는 서류가 될 것이기 때문이다.

증서 뒷면

"토머스 씨는 이곳 가나다 주식회사에서 14년간 근무하고 있습니다. 시간제 직원으로 공장에서 일을 시작하며 야간학교에서 제도사 업무를 배웠고 제도부서로 이동해 최근에는 상급 제도사로 진급했습니다.

토머스 씨는 오늘 '솔선'이라는 인성으로 전 직원 앞에서 인정을 받습니다. 솔선은 누군가가 처리해야 할 일을 요청받기 전에 먼저 알아서 하는 것입니다. 토머스 씨는 최근 회사의 기계 작동의 변화를 추적할 더 나은 방법이 필요하다는 것을 느꼈습니다. 그는 해결책을 조사하고 경영진에게 제출할 보고서를 작성했습니다. 그 보고서를 검토한 경영진은 회사에 가장 적합한 시스템을 선정했습니다. 그 새로운 시스템으로 변화를 정밀하게 추적할 수 있었고, 최신의 공학 도면으로 작업할 수 있었습니다. 이것은 비용을 절감하고 우리 제품의 질을 향상합니다.

토머스 씨, 14년 동안의 노고에, 당신의 우정에 그리고 솔선에 감사드립니다."

인성인증서의 장점

직원에게 인성인증서를 수여하면 아래의 5가지 주요 장점들을 얻을 수 있다.

① **인성인증서는 대중 앞에서 말한 것을 서면으로 전달한다.** 대개 직원들은 인증서를 받을 때 매우 들떠서 그 순간의 느낌은 기억하겠지만 들은 내용 전부를 기억하지는 못할 것이다. 인성인증서는 언제 그리고 어떤 이유로 그 직원이 인정받았는지를 개인이 기억하게 하는 상세한 기록물이다.

② **인성인증서는 직원의 가족에게 그 직원이 회사에서 얼마나 가치 있는 존재인지를 알려준다.** 직원이 칭찬을 받은 지 몇 주 혹은 심지어 몇 달 후, 배우자가 우리를 만나 증서에 적힌 내용을 거의 한 마디도 틀리지 않고 인용하는 경우를 많이 보았다. 공개적인 칭찬으로 직원에게 경의를 표하는 일과 인성인증서는 해당 직원의 가족에게 큰 자부심을 준다.

③ **인성인증서는 직원을 지속적으로 격려하는 원천이 된다.** 캐릭터 퍼스트를 활용하고 인성인증서로 직원을 공개적으로 인정하는 회사를 방문해보면, 직원들이 인성인증서를 자신의 작업공간에 걸어놓은 것을 쉽게 볼 수 있다. 소중한 존재로 인정받는다는 증표이자 그들이 보여준 좋은 인

성을 상기시켜주는 것이고 그러흔 인성을 계속 계발해나
가게 하는 격려이기도 하므로, 직원들은 이 증서를 자랑스
러워한다.

④ **인성인증서의 사본은 직원의 인사고과에 영향을 주는 영구
적인 기록물이 된다.** 당신은 주로 직원의 인사고과 파일에
서 무엇을 찾는가? 입사 원서, 급여 인상 기록 및 휴가기간
또는 직원의 잘못에 대한 기록일 것이다. 긍정적인 것은
드물다. 인성인증서는 긍정적인 기록물이다. 몇 년 후, 이
것은 중요한 의미를 제공할 것이다.

⑤ **인성인증서는 직원 각각의 인성을 증빙해주는 포트폴리오
가 된다.** 예전 관리자나 고용인에게서 증빙서류를 받기는
어렵다. 캐릭터 퍼스트를 시행하는 회사에서 몇 년간 일하
면 직원들은 자신의 직속 관리자로부터 인성을 증빙해주
는 서류를 여러 개 받게 된다. 그리고 직장을 옮길 때, 그
들은 그렇게 모인 증빙서류를 가지고 인터뷰에 임하는 것
이다. 이것은 어떤 직원들에게는 가장 중요한 혜택이 될
수 있다.

최고의 이력서는 당신이 적은 내용이 아니라,
당신이 살아가는 방식이다.   미상

소개

이름은 매우 중요하다. 별명이 아닌 이름으로 직원을 소개하고, 그의 이름을 정확하게 기억하도록 하라. 다른 부서 사람들과 안면을 틀 기회가 그리 흔치 않은 회사도 있다. 직원의 입사 기념일은 그 사람을 회의에 참석한 모두에게 소개할 기회이기도 하다.

가족사항을 소개하거나 취미와 관심사를 공유할 수도 있고 지금까지 일해온 이력을 이야기하거나 담당 업무에 관해 설명할 수도 있다. 여기서 중요한 점은 공개적으로 나누기에 적절한 정보만을 말하는 것이다. 어떤 정보를 나누어도 될지 확신이 들지 않으면 그 직원에게 물어보라. 괜찮을지 의문이 든다면 그 정보는 나누지 말라.

말을 안 해서 상처를 입은 적은 없다.　　　**캘빈 쿨리지**

인정의 말

인정의 말은 인성인증서에 적힌 정보이다. 관리자가 일정한 형식을 유지한다면 여러 문구가 가능하다.

정의: 인정의 말을 인성과 그 정의를 읽어나감으로써 시작하라.

160

사례: 어떻게 그 직원이 그 인성을 보여주었는지 하나 또는 그 이상의 예를 들라. 직원의 현재 업무에 대한 구체적 도전 과제와 그 업무를 완수하기에 필수적인 인성을 연관시킬 수 있다. 다른 인성을 추가로 언급하고 싶을 수도 있겠지만, 인성인증서에 강조된 인성에 각별한 주의를 기울이도록 하라. 기억하라. 해당 인성은 조직이 그 달에 초점을 맞추는 것과 같은 것일 필요는 없다.

장점: 어떻게 그 직원의 좋은 인성이 본인, 다른 직원, 고객, 회사 또는 지역사회에 영향을 주었는지를 포함한다.

요약

한 사람의 인성을 다른 사람의 인성과 비교하지 말라. '최고의', '가장' 또는 '~보다 더' 같은 비교를 피하라.

진심 어린 태도를 유지하라. 경박함, 농담 그리고 장난스러움을 피하라. 공개적 칭찬의 목적은 그 사람에게 진심 어린 감사를 전하는 것이다. 경의를 표하고 회사에서 그가 얼마나 가치 있는 존재인지를 설명하며 그의 인성을 긍정적인 본보기로 활용하는 것이다.

마지막으로, 간결하게 하라. 제대로 준비한다면 보통 2~3분이면 한 사람에게 인정의 말을 하기에 충분할 것이다. 인정의 말을 들을 사람이 5~6명이라면, 15~20분이 걸릴 것이다. 직원을 인정하고 칭찬하는 활동에 이 정도의 시간을 할애하라. 물론 특별한 상황에서는 더 많은 시간을 써야 할지도 모르지만 대개의 경우 간결함이 중요하다.

14장

인성 교육 및 본보기 되기

사람을 강제로 변화시킬 수는 없다. 빽빽한 규정들로 가득 찬 규칙서가 그 증거이다. 우리는 사람들이 스스로 좋은 인성을 기르고 싶어하도록 고무시켜야 했다. 첫 번째 단계는 인성을 정의하는 일이었고, 그 다음에 우리는 좋은 인성을 본보기로 삼고 가르치고 고무시킬 방법을 알아야 했다.

우리는 좋은 인성이 장기적인 성공을 결정짓는다는 사실을 직원들에게 설명하며 시작했다. 역사적으로 사회에 지속적인 긍정의 영향을 끼친 사람들을 보니, 그들의 삶 전체에 면면히 흐르는 공통된 맥락이 있었다. 바로 그들 모두가 좋은 인성을 가진 사람들이었다는 점이다. 모든 면에서 완벽하지는 않았지만, 그들은 자신의 실수로부터 배웠고 올바른 방향으로 가기 위해 내면의 나침반에 집중했다.

성공은 아주 많은 경우 그 사람의 인성으로 결정된다. 우리는 이 사실을 증명해보여야 했다. 인성을 계발하려는 우리의 관심사는 언제나 다른 사람이 성공하도록 돕는 데 있었다. 다른 장점들도 많겠지만, 우리의 가장 큰 기대는 직원과 그들의 가족이 성공하도록 돕는 것이었고 지금도 여전히 그렇다.

이 점은 왜 그리 중요할까? 대부분의 사람들은 인성이 무엇인지, 인성이 자신의 삶에 어떤 의미가 있는지 전혀 생각하지 않는다. 직원과 인성문제를 논하는 회사는 거의 없다. 인성의 중요성을 인식하게 되고 인성을 가르쳐 본보기 삼는 법을 알린 것이야말로 캐릭터 퍼스트가 세계적으로 큰 영향을 미칠 수 있었던 배경이다. 사람들은 훌륭한 본보기를 볼 때 동기부여를 받긴 하지만 이를 이해하여 자신의 태도, 언어 및 행동으로 실천하도록 해주는 효과적인 가르침이 필요하다.

긍정적인 인성 기르기

　나는 외할머니 댁 건너편에 살면서 자랐다. 외할머니 댁에는 정원이 있었고, 정원을 관리하는 데 일손이 자주 필요했다. 그럴 때마다 외할머니는 나를 부르곤 하셨는데, 쟁기로 고랑을 내고 씨를 뿌리고 괭이로 잡초를 뽑는 것이 내가 하는 일이었다. 외할머니의 소박한 정원에서 나는 인생의 가장 소중한 교훈을 배웠다.

　우리는 함께 정원 한쪽 끝에서 반대쪽까지 끈을 늘어놓았다. 나는 쟁기를 이용하여 그 줄을 따라 고랑을 내었다. 씨앗을 심을 때, 외할머니는 고랑 바닥에 씨앗을 놓는 것이 중요하다고 말씀하시곤 했다. 그래서 내가 바닥에 씨를 모두 심으면, 식물은 올곧은 직선으로 자랐다. 하지만 어느 한쪽에 치우쳐 곧게 심으면, 식물은 지그재그 같은 형태로 자랐다.

　식물과 잡초가 같이 자라면, 외할머니는 나를 불러 괭이질을 하거나 잡초를 뽑게 하셨다. 그러고 나서 나와 함께 그 줄의 끝에 서시곤 했다. 외할머니는 "저기를 한번 내려다보거라. 정말 예쁘지 않니?"라고 말씀하셨다. "잡초 하나 없이 반듯하게 예쁜 식물들만 있구나."

　매년 외할머니와 나는 씨감자 9리터가량을 수확했다. 우리는 씨감자를 잘라서 '눈'이 있는지를 하나씩 확인했다. 내가 심긴

외할머니와 함께

했지만, 항상 직선으로 심었는지는 확신할 수 없었다. 직선이 아닌 경우면, 외할머니는 부드럽게 내 옆으로 와 줄이 얼마나 삐뚤어졌는지 보여주셨다. 식물이 자랄 때 내가 할 일은 감자딱정벌레와 해충들이 피해를 주기 전에 그것들을 떼어내는 것이었다.

9리터가량의 씨앗은 한 번의 수확기에 감자 약 144리터를 생산해 냈다. 우리가 심은 것의 열여섯 배에 해당하는 생산물이었다. 수확한 감자 중 하나가 거대했다. 외할머니는 지역신문에 전화를 걸어 이 소식을 알렸다. 커다란 감자의 사진뿐 아니라 우리가 수확한 감자들이 지역신문에 실렸다.

외할머니와 함께 일했던 시간은 나에게 근면함과 '심은 대로 거둔다'(감자도 감자를 심어서 나지 않는가?), '열매를 거두는 것은 심는 것보다 늦다' 그리고 '심은 것보다 많이 거둔다'는 것 등의 큰 교훈을 가르쳐주었다. 외할머니는 이런 교훈을 몸소 실천하시며 시간을 들여 내게 설명해 주셨다. 내가 무언가를 잘해낼 때는 칭찬을 아끼지 않으셨고 덕분에 나는 칭찬받은 것을 기억하고 삶에 적용할 수 있었다. 외할머니는 옳은 일에도 결과가 따르

소년이 특상품의 감자를 길러내다

로이스 진 데이비스 부인의 아홉 살 된 아들인 탐 힐은 이번 수확기에 뒤뜰 정원에서 놀라운 성공을 거두었다.

외할아버지께서 건강이 나빠져 고된 정원 일을 하지 못하시게 되자, 타미는 노스 로North Rowe 113에 사시는 외조부모님을 돕기로 했다. 어제 그는 9리터가량의 씨감자에서 약 144리터의 감자를 수확했다. 감자 중 일부는 크로켓공보다 큰데, 집에서 기른 감자치고는 상당히 크다.

탐 힐은 곧 오이와 호박을 수확할 예정이다

프라이어Pryor 마을 지역신문, 1952년 6월 18일

고 그릇된 일에도 결과가 따른다는 것을 증명해보이셨다. 옳은 일을 한 결과는 항상 더 나은 것이었다. 외할머니와 같은 영향력 있는 인성 본보기들이 내 삶에 있다는 것은 큰 축복이었으며, 외할머니의 가르침과 좋은 인성에 대한 본보기가 없었다면 내 삶은 다른 방향으로 갔을지도 모른다. 외할머니의 행동과 말씀은 나에게 좋은 인성에 대한 토대가 되었다.

> 본보기는 가르침을 주는 또 다른 방법이 아니다.
> 그것은 가르침을 주는 유일한 방법이다. **알베르트 아인슈타인**

다른 사람들과 모범 사례 나누기

캐릭터 퍼스트는 훌륭한 인성을 본보기로 삼을 것을 강조하는데, 이는 본받을 만한 인물을 직접 목격할 필요가 있기 때문이다. 나는 할머니의 조언들을 귀로 들을 뿐만 아니라 삶 자체를 지켜보았기에 내게 있어서 할머니는 정말 훌륭한 본보기였다. 용기나 의지력에 대한 다른 사람의 말을 듣는 것은 하나의 가르침이다. 압박감을 초월한 그들이 보여주는 끈기는 지켜보는 것만으로도 또 다른 가르침이 된다.

1919년 할아버지가 풍토병으로 돌아가시자, 어린아이 셋과 할머니만 남게 되었다. 당시에는 정부 보조 프로그램도 전혀 없었다. 할머니는 남의 집 빨래와 다림질, 보모 일, 하숙생 받기 등으로 가족을 부양하셨다. 어려운 상황에도 끝까지 인내하셨다. 내게 있어서 할머니는 언제까지나 좋은 인성에 알맞은 본보기이다.

월례회의에서 우리는 다음 달에 집중할 인성을 소개한다. 또 인성이 어떻게 개인의 삶에 영향을 주었는지, 그리고 킴레이의 근무환경을 얼마나 나아지게 했는지에 관해 토론한다.

우리는 인성에 관해서는 성공과 실패, 둘 다에 초점을 맞추어 이야기한다. 2가지를 공평하게 언급하는 것은 중요하다. 우리 중 누구도 완전한 사람은 없다. 우리에게는 모두 풀어야 할 인성 문제가 있다. 성공한 이야기만 하면, 당신과 직원 사이에는 틈이

할머니 옆, 마차 안에 있는 가장 작은 아이가 우리 아버지다

생길 것이다. 당신이 먼저 자신의 부족함을 인정하면, 직원들은 자신의 인성을 바꾸는 일에 거부감을 느끼지 않을 것이다.

우리는 다음의 지침을 캐릭터 퍼스트에서 가르친다. 자신의 사례를 나눌 때는 실패에 관해 말하라. 다른 이의 사례를 사용할 때는 성공에 관해 이야기하라.

성공을 나누면 벽이 세워진다.

실패를 나누면 다리가 세워진다.

15장

다른 조직에서의
캐릭터 퍼스트 성공 사례

우리는 전 세계의 다양한 조직에 캐릭터 퍼스트를 소개하는 영광을 누렸다. 당신 조직의 형태가 어떠하든지 간에 인성을 가르치고 본보기로 삼게 함으로써 당신은 직원들의 삶과 회사 분위기를 개선할 수 있다. 캐릭터 퍼스트를 사용해 엄청난 결과를 달성해낸 몇몇 조직이 있다.

홀리텍스 카펫공장

어떤 회사든지 산업재해에 대한 보상은 회사운영비의 많은 부분을 차지한다. 특히 제조공장인 경우가 그렇다. 누군가가 작업 중에 다치면 돈보다도 더 큰 대가를 치러야 한다. 현장 사고로 인해 잃어버린 시간의 가치는 근로자재해보상보험료 금액 그 이상이다.

오클라호마 주 서부에 있는 홀리텍스 카펫공장은 급증하는 산업재해보상으로 어려움에 직면하고 있었다. 1992~1993 회계연도 동안 직원 240명을 보유한 공장 하나가 산재보상에 48만 6천 달러를 지출했다. 그뿐만 아니라 직원들은 작업 관련 부상으로 400일 넘게 일하지 못했다.

보험료가 너무 많아지자 공장(및 공장의 해당 보험회사)은 '타당한 소송'을 비롯한 모든 보상청구소송에 맞서 싸웠다. 회사는 비용을 줄일 방법을 찾는 데에 필사적이었다. 손익에 초점을 맞추는 것이 유일한 해결책인 듯했다.

1994년 홀리텍스는 캐릭터 퍼스트를 시행했다. 이 프로그램의 시행으로 그들이 중요하게 여기는 것을 다시 고려할 수밖에 없었다. 경영진은 자신들이 큰 그림을 보는 시야를 잃어버렸음을 알게 되었고, 초점을 손익계산은 물론 직원에게로도 넓혔다. 직원들은 자신이 더욱 가치 있는 존재라고 여겨진다고 느꼈으며 자신의 행동이 회사 전체에 어떤 영향을 미칠지 생각하기 시작했다. 그들은 또한, 경각심과 경청의 자세를 보여주기 시작했고, 이것은 그야말로 극적인 결과를 낳았다. 공장의 산업재해보상은 1994~1995 회계연도 동안 4만 7천 달러로 감소했다. 1995년, 작업 관련 부상으로 일을 못 하는 날은 점차 줄어들어서 5일로 축소되었다. 이 회사의 보험금 지출은 급감했다.

캐릭터 퍼스트는 또 하나의 그저 그런 프로그램이 아니다. 당신과 당신의 직원이 세상을 바라보는 방식을 근본적으로 변화시키는 삶의 방식이다. 그 카펫공장과 직원들에게 그랬던 것처럼 말이다.

EDG 엔지니어링 컨설팅 사

EDG 엔지니어링 컨설팅 사는 미국 전역뿐 아니라 아프리카, 아시아 및 남미에 사무실을 둔 엔지니어링 컨설팅회사이다. 500명의 엔지니어, 디자이너 그리고 해양 석유·가스 시추 플랫폼과 하역 작업용 기계를 비롯한 주요 건설용 장비들을 설계하는 프로젝트 관리팀을 두고 있다.

1982년, 드와이트 파울젠 씨와 폴 모갑갑 씨가 석유·가스 산업의 '손익만 따지는' 문화에 대한 불만으로 이 회사를 설립했다. 그들의 비전은 인성에 기초한 그리고 엔지니어들이 근무하기 좋은 회사를 만드는 것이었다. 회사가 확장되면서 자신들의 문화를 유지하고 접목할 구조적인 방법론이 필요했다.

EDG의 어느 고객이 캐릭터 퍼스트를 추천했다. 회사 대표들은 우리의 훈련 세미나에 참석했고 캐릭터 퍼스트의 가치를 알아보았다. EDG의 경영진은 우리가 가르치는 내용에 친숙해지면서 어떻게 이 원리와 방법이 자신들의 비전을 성취하게 할지를 알게 되었다. 이는 직원들에게 가정과 지역사회에 긍정적인 영향을 미칠 도구를 제공하는 것이기도 했다.

EDG는 한동안 월례회의를 열었고 즉각 인성 훈련을 회의에 포함했다. 그런 후에 월간 회보를 제작해 배포하고 훈련받을 직원을 추가로 우리에게 보냈다. 마침내 인성위원회를 발족하였고, 인성노트가 회사 전체에 배포되었다.

그 결과 EDG의 전 직원의 업무 경험이 향상되었고, 이 훈련은 인성을 기반으로 하는 근무 분위기를 창출하는 데 중요한 역할을 했다. 인성에 대한 강조가 이직, 결근, 지각을 현격히 감소시켰다.

EDG는 조직이 인성을 강조하는 것이 직장문제의 근본적 원인을 다루는 것임을 알고 있다. 일선 관리자들은 전통적으로 부정적인 것에 초점을 맞추어왔지만, 인성을 인정하고 칭찬하는 것이야말로 직원들과의 긍정적인 관계를 만들어냈다.

인성을 강조하는 것은 회사에 막강한 인재채용 수단, 즉 경쟁 우위를 확보하게 해주었다. EDG의 직원들은 자신의 향상된 업무 경험에 대해 사람들에게 자주 말하며, 고객과 컨설턴트들은 EDG를 대하면서 동종 업계 타 회사들과의 차이를 알아보았다. 심지어 어떤 고객은 EDG를 방문해 직원회의에 참석하기도 했다. EDG는 인성 훈련을 실행하지 않았더라면 불가능했을 기회를 얻게 되었다.

EDG는 캐릭터 퍼스트가 어째서 경직된 '프로그램'이 아닌 어디서든 통하는 보편적 원리인지를 보여주는 예이다. EDG는 우리가 알아낸 원리를 채택했고 그것을 자신의 조직에 가장 효과적인 방법으로 적용했다. EDG의 인성문화는 자타가 공인하는 회사의 특성이 되었으며 EDG를 경쟁사들보다 뛰어나게 해주었다.

페헤이라 광학

트리니다드 섬의 어느 가족기업 광학회사는 임금 협상과 복

리후생문제로 노조와 끊임없이 심각한 갈등을 겪고 있었다. 협상은 치열했으며, 그 과정이 2년간 계속되는 일이 잦았다. 합의에 도달하자마자, 다음 협상이 시작되었다. 18년 넘게 갈등이 지속되었고, CEO인 콜린 페헤이라 씨는 해결책을 찾는 데 골몰했다.

오클라호마 주에서 캐릭터 퍼스트 컨퍼런스에 참석한 '페헤이라 광학'에서는 캐릭터 퍼스트를 활용하기 시작했다. 캐릭터 퍼스트를 시행한 첫 1년 뒤, 페헤이라 광학은 3개월 만에 합의에 도달했다. 경영진과 직원들은 개선된 관계 덕분에 공평하게 편익을 얻게 되었다. CEO는 개선된 업무관계가 거의 전적으로 캐릭터 퍼스트의 실행 덕분이라고 말하며, 경영진이 가장 큰 수혜자라고 했다.

경영진의 완전한 지지와 참여하에, 정당한 목적으로 적절히 시행되기만 한다면 캐릭터 퍼스트는 어떤 조직에서든 긍정적인 변화를 만들어낼 수 있다.

맥도날드 체인점

체인점 식당 경영은 만만찮은 일이다. 말단직원의 급여는 상대적으로 낮으며, 이직률은 높다. 이러한 특징이 직원 채용·고용 및 교육이라는 끊임없이 순환하는 문제를 일으킨다. 신입직원 중 많은 수가 입사 전에 식당이나 고객서비스 분야에서 일해본 경험이 없다. 게다가 어떤 직원은 시간 엄수, 책임감, 신뢰, 환대 및 유연성과 같은 인성을 계발할 기회를 가져본 적이 거의 없다. 이는 심각한 고객 불만족의 원인이 된다.

레지널드 존스 씨는 주요 대도시에 맥도날드 체인점 3개를 소유하고 있었다. 맥도날드는 체인점에 정기적으로 평가원을 보내 몇 가지 요소로 각 매장의 평점을 매기는 정책을 시행하고 있었다. 식당의 청결도, 주문의 정확성, 고객이 식당으로 들어설 때부터 인사를 받고 주문을 하기까지의 시간, 그리고 주문이 들어간 때부터 고객이 음식을 받기까지의 시간을 포함했다. 평가원은 또한 매장의 재고품 저장소 및 관리상태, 식품의 신선도와 온도 그리고 직원들의 교육상태 등을 평가했다. 등급체계는 'A'부터 'F'까지였다. 'A'는 탁월함을 뜻했고, 'F'는 매우 미흡함을 의미했다.

한번은 평가원이 존스 씨의 매장에 'F'등급을 매겼다. 충격을 받은 존스 씨는 'A'등급을 받은 체인점을 방문해 개선책을 찾고자 그 지점의 위치를 물어보았다. 그러나 그 도시에는 'A'등급을 받은 매장이 없다는 말을 들었다. 그는 단념치 않고, 필요하다면 장거리 여행이라도 갈 마음으로 그 주 내에 어디라도 'A' 등급의 체인점이 있는지를 물어보았다. 평가원은 겸연쩍은 표정으로 그렇게 높은 등급을 받은 곳은 없었다고 말했다.

얼마 후 존스 씨는 캐릭터 퍼스트를 시행해서 사업이 개선된 회사들에 관하여 듣게 되었고, 인성 훈련이 그의 가게를 개선할 수 있으리라 확신했다. 많은 장애물에 직면하리라는 것을 알고 있었지만 용기를 내어 직원들에게 1주일에 두 번씩 인성에 대해 가르치기 시작했다.

다음 평가 시기가 다가왔을 무렵, 존스 씨는 매장이 엄청나게 개선되었음을 알았다. 직원들은 더 나은 서비스를 제공하고 있었고, 서비스는 더 신속해졌으며, 매출은 전년 대비 97퍼센트 증가했고, 이직률은 200퍼센트 감소했다. 고객들은 가게 분위기가 좋아진 것을 눈치채고 이렇게 물어오곤 했다. "도대체 뭐가 달라진 거죠?"

매장의 어느 관리자는 캐릭터 프로그램이 시작됐을 때부터 변화를 기록해두었다. "직원들이 조금씩 더 가게와 고객에게 관심을 가지는 것 같았습니다." 동료들의 태도가 변화되었다고 그는 말했다. "그들은 예전처럼 방어적인 태도를 보이지 않습니다. 고객의 말을 경청하는 법을 서서히 배워갔고 근무할 때 미소를 짓지요."

평가의 날이 되었다. 존스 씨는 인성 훈련의 효과가 평가점수를 높여줄 수 있으리라는 생각에 들떠 있었다. 본사의 규칙대로 매장이 측정되고, 점검되고, 시간이 재어지고, 평가되었다. 'A'라는 평가 결과가 나오자 존스 씨는 흥분했다. 지역에서 유일하게 A등급을 받은 체인점이 되었기 때문이다. 이번 평가와 이전 평가 사이의 차이점은 무엇일까?

존스 씨는 직원들이 좋은 인성을 계발하도록 격려함으로써 그들의 성공에 투자했다.

어느 관리자는 다음과 같이 말했다. "직원 입장에서 보자면 인성 훈련은 조직 내의 유대감을 형성해주었어요." 그는 인성에 초점을 맞추기 시작하면서 가게가 더 원활하게 운영되고 있다고 덧붙였다.

또 다른 관리자도 직원들이 각기 다른 배경을 가졌음에도 불구하고, 좋은 인성으로 인해 한데 모이는 계기를 마련할 수 있었다며 동감했다.

한 직원은 캐릭터 퍼스트가 자신과 동료들이 '좋은 태도'를 갖게 해주었으며, 직장에서 '옳은 일을 할 수 있게' 용기를 북돋워주었다고 했다. 또 다른 직원은 캐릭터 퍼스트 프로그램을 통해서 자신이 기대 이상의 일을 할 수 있다는 걸 배웠다고 했다. 그 직원은 지금 새로운 기술을 배워 자신의 분야에서 훌륭한 인물이 될 미래를 꿈꾸고 있다.

나아가서 직원들은 직장에서 배운 인성을 가정으로 옮겨갔다. 한 직원은 일상에서 더 과단성 있게 행동하는 법을 배우고 있다고 했고, 다른 직원은 가족들이 신중함을 기르도록 격려할 수 있었다고 했다.

직원들이 인성을 갖춘 사람으로 변화하자, 고객 응대 서비스는 향상되었고, 자기 일을 더욱 잘해낼 수 있게 되었다. 식당의 성공은 자연스러운 결과였다.

> "우리는 동기부여나 포상, 성과급과 같은 것들을 시도했다. 내가 경험한 바로는, 이러한 것들은 별로 효과가 없었다. 그렇지만, 인성은 효과가 있다고 믿는다. 그 이유는 바로 '옳은 일을 하는 것이 옳기 때문'이다. 직원들은 우리가 옳은 일을 하고 있다는 것을 알고 있다!"
>
> **레지널드 존스**

지역병원

병원은 근무하기 힘든 곳이다. 위독한 환자를 돌보아야 하는데 따른 압박감, 장시간 근무하면서도 최선을 다해 꾸준히 업무를 수행해야 한다는 요구는 사람을 녹초로 만든다. 직원은 계속해서 환자 간호, 서비스, 절차 및 스트레스 관리에 대해 교육받는다. 병원은 종종 서비스와 간호 수준을 평가하기 위해 분기별 환자만족도를 조사한다. 이 조사 결과는 병원의 핵심 지표이다.

오클라호마 시 지역에 있는 한 지역병원의 경우, 환자만족도 조사에서 평균 75점을 기록했다. 환자 간호를 개선하고 가정과 직장에서 간호사들과 직원들이 더 나은 인성을 계발하도록 추진하는 과정에서, 병원 경영팀은 캐릭터 퍼스트를 교육의 필수로 삼았다.

캐릭터 퍼스트를 시행한 첫 분기에 병원에서 시행한 환자만족도는 94퍼센트로 뛰어올랐으며, 두 번째 분기에는 다시 96퍼센트로 올랐다. 병원이 캐릭터 퍼스트를 가르치는 동안 내내 이 만족도가 유지되었다.

하지만 병원인가갱신일이 다가오자, 경영팀은 모든 자원을 인가 승인 준비 업무에 맞추고 캐릭터 퍼스트 교육을 중단했다. 그러자 다음 분기에 환자만족도는 20퍼센트로 곤두박질쳤고 인성 훈련을 사용하기 이전 수준으로 되돌아갔다. 병원은 간호사들과 직원들의 변화된 모습을 볼 정도로 오랫동안 캐릭터 퍼스트를 사용했지만, 인성의 체질을 영구적으로 변화시킬 만큼 충분한 시간은 아니었던 것이다.

경영팀은 인성 훈련을 재개하기로 결정했고, 다음 분기 말에 환자만족도는 다시 95퍼센트로 올랐다. 병원 원장은 높은 수준의 환자만족도가 간호사들 및 직원들과 함께한 캐릭터 퍼스트의 실행 덕분이라고 말했다.

선한 사마리아인 요양병원

더는 사랑하는 이들을 보살필 수 없을 때, 우리는 그들을 요양병원의 보호에 위탁하곤 한다.

요양병원은 특별한 장소이다. 그리고 대다수의 요양병원은 때로 어려운 환경 속에서도 우수한 간호를 제공하기 위해 성실히 노력한다. 하지만 제공하는 서비스에 대비해 항상 '공정시장가액'을 받는 것은 아니므로 요양병원은 경제적 압박에 자주 직면한다. 이 문제는 기본적인 삶조차 스스로 영위하지 못하는 환자를 정성으로 간호해야 하는 직원에게 스트레스가 되기도 한다. 가족을 연장치료시설에 입원시켜야 할지와 같은 어려운 결정을 하는 환자 보호자를 상대할 때도 심리적 타격을 받는다.

선한 사마리아인 요양병원은 직원과 근로자에게 고마운 마음으로 어떠한 보상을 해주고 싶었다. 경영팀은 직원들이 직장에서만이 아니라, 개인적인 삶에서도 성공하기를 바랐다. 해결책을 조사하던 중 그들은 캐릭터 퍼스트를 알게 되었다. 캐릭터 퍼스트가 어떻게 운영되고 효과를 내는지 알게 된 후, 직원들을 격려함으로써 그들이 삶 속에서 좋은 인성을 함양하여 진정한 성공을 거두도록 하자는 결정을 내렸다.

캐릭터 퍼스트가 요양시설에 도입되었고, 경영진이 일상에서 좋은 인성을 찾아내어 칭찬하도록 현장 교육이 시행되었다. 그에 더하여 우리는 입사기념일에 직원의 인성을 칭찬하는 일의 중요성을 설명했다.

어느 일선 관리자가 강력하게 말했다. "우리는 그렇게 할 수 없습니다."

훈련지도자는 이러한 돌발상황에 익숙했기에 침착하게 질문했다. "이유가 뭐죠?"

"우리 간호조무사들은 1주년 입사기념일이 없기 때문입니다"라고 관리자가 대답했다. "보통 간호조무사들은 이직률이 거의 100퍼센트입니다. 대부분 직원들이 여기서 1년 이상 일하지 않습니다." 훈련지도자는 후에 그 주의 간호조무사 평균 이직률이 연간 104퍼센트임을 알게 되었다.

훈련지도자는 말문이 막혔다. "이곳은 우리가 사랑하는 이들의 간호를 믿고 위탁하는 요양병원입니다." 그는 말을 이었다.

"높은 이직률은 환자들이 끊임없이 새로운 사람들과 친해져야 하는 과정을 겪게 하죠. 거기에다가, 신입직원들이 들어올 때마다 각 환자만의 특별한 필요를 가르쳐야 해요. 직원 채용과 교육의 비용은 막대합니다."

훈련지도자에게 창의적인 아이디어가 생각났다. "그러면 매월 생일을 맞은 사람을 칭찬하면 어떨까요?"라고 그가 말했다. "일한 지 얼마가 되었든지 간에, 누구나 생일이 있잖아요." 관리자들은 이 방법에 동의했고 새로운 인성 중심 훈련을 요양병원에 맞게 적용하기 시작했다.

이후 18개월 동안 많은 일이 일어났다. 그중 가장 놀라운 변화는, 간호조무사의 이직률이 6퍼센트로 급락했다는 점이다. 이직률이 낮아지자, 새 직원을 채용하고 교육하는 데에 드는 비용이 뚝 떨어졌고, 이로 인해 직원들의 급여 인상까지 가능하게 됐다. 이직률이 낮아지자 환자들은 직원들을 믿고 신뢰할 수 있게 되었으며, 직원은 각 환자들만의 특별한 필요를 알게 되었다. 낮은 이직률은 또한 더욱 안전하고 안정적인 환경을 조성했고, 환자만족도는 높아졌다.

"직원들은 행복하고 헌신적인 전문가들입니다"라고 인사담당자가 말했다. "최근 실시한 가족 설문조사에서 환자의 가족들은 우리를 대단히 친절하고 배려 깊은 치료진으로 보고 있음이 나타났어요. 요양병원 직원들이 선한 태도를 갖게 된 것은 캐릭터 퍼스트 덕분이며, 그 가치는 금액으로 매길 수조차 없습니다."

그는 이어서 "캐릭터 퍼스트는 우리 요양병원을 고품격의 기관으로 변화시킨 핵심이었습니다"라고 말했다.

오클라호마 카운티 교도소

오클라호마 카운티에는 교도소가 2개 있다. 하나는 소년원이고 다른 하나는 성인을 수용하는 '일반 감옥'이다. 감금 중인 청소년들 중 대부분은 절도나 마약소지죄 같은 비폭력적 비행으로 체포되었다. 하지만 어떤 아이들은 무장강도, 성폭행 그리고 살인 같은 중범죄로 들어온다. 소년원은 이런 중범죄자들을 분리 수용하지 않는다. 그래서 수 년간 그 아이들은 나머지 아이들과 섞여 지내며 비폭력적 청소년들을 위험에 처하게 했다.

결국은 13~17세의 폭력적 비행청소년들을 같은 주의 성인 교도소로 이감시키자는 결정을 내렸다. 그들에게 독립된 장소를 배정하고 성인들과 섞이지 못하도록 했다. 하지만 이것은 청소년들이 기본적으로 하루 24시간 제재를 받는다는 의미였다. 사실상 외부와의 접촉이나 긍정적인 자극을 차단한 것이다.

불안한 정서의 청소년들

이런 상태는 건강한 아이들에게조차 문제가 될 터인데 성폭행 및 살인을 저지르도록 한 환경에서 자란 아이들의 경우에는 어떠할지 상상해보라. 이 범죄아들이 지루함을 덜어줄 창의적인 방법을 찾는 데는 오랜 시간이 걸리지 않았다.

아이들은 공동구역의 테이블 위에 올라서면 천장에 닿을 수 있음을 금방 알아냈다. 그들은 그 안에 있던 천장 타일과 금속격자판을 허물고 타일과 함께 살수장치와 화재경보기를 망가뜨렸다. 교도관들은 그들 모두를 다른 장소로 이동시키곤 했지만, 몇 달 후 청소년들이 돌아왔을 때 이러한 소동은 다시 시작되었다.

살수장치가 허물어지면서 부서진 파이프는 감방을 물에 잠기게 했고 천장의 타일에 손상을 입혔다. 경보기 배선공사를 포함한 수리비용은 비쌌다. 교도소 소장은 교도소 담당 목사께 좌절감을 나타냈다. "이 아이들을 어떻게 해야 할까요?" 그가 물었다.

"아이들에게 인성을 가르쳐보시지요." 목사는 대답했다. 그분이 어디서 그런 생각을 떠올렸는지는 지금도 알 수가 없다.

목사는 책 몇 권을 구입했고 인성에 관하여 가능한 한 많이 읽기 시작했다. 그는 해답이 거기 어딘가에 있음을 알았지만 교도소에서 어떻게 인성을 가르칠지는 알지 못했다. 아내는 남편의 좌절감을 알아차렸고 인터넷에서 인성을 검색했다. 많은 검색결과가 오클라호마 시 캐릭터 퍼스트에 관한 것이었는데, 당시 우리 사무실은 교도소에서 두 블록 떨어진 곳에 있었다. 목사는 즉시 우리에게 전화를 걸어 만날 일정을 잡았다.

목사가 전화를 걸기 2주 전, 캐릭터 퍼스트의 새로운 경영진이 인디애나 주에서 가족과 함께 도착했다. 마침 그는 오클라호마 카운티 교도소를 차로 여러 번 돌아보며, 어떻게 하면 저 벽 뒤의 재소자들에게 인성 훈련을 시킬 수 있을까를 진지하게 생각해오던 참이었다. 두말할 것 없이 그는 교도소 목사의 전화를 반갑게 받았다.

얼마 되지 않아 캐릭터 퍼스트는 교도소에 있는 청소년들을 대상으로 훈련 프로그램을 시작했고, 목사는 2주간 그것을 지켜보았다. 그분은 그 후로도 쭉 프로그램을 교도소에서 가르치고 있다. 청소년들은 인성 훈련이 시작된 후, 한 번도 물질적인 피해를 끼치지 않았다.

이 일은 보안관의 관심을 끌었다. 비록 처음에는 인성 훈련이 여러 프로그램들 중 하나에 불과하다고 생각했지만, 인성 훈련으로 사람이 생각하고 행동하는 방식을 근본적으로 바꿀 수 있다는 것을 알게 되었다.

교도관들에게 인성 고무시키기

비행청소년들이 보여준 변화는 교도소 인성 훈련의 시작에 불과했다. 어느 날 목사가 청소년들이 감방에 갇히는 것을 지켜 보고 있을 때, 결정적인 사건이 발생했다.

한 청소년이 교도관이 문을 닫는 것을 보면서 목사에게 물었다. "어이, 목사님! 여기 교도관에게는 언제 인성 교육을 하실 건가요?"

그 질문은 목사에게 큰 충격을 주었다. 목사는 교도소에서 근무하는 남녀 직원들을 어떻게 관리해야 할지 마음을 쓰고 있었는데, 특히 그들의 인성이 부족한 것이 마음에 걸렸다. 수감되어있는 청소년이 형편없는 롤 모델을 가지고 있다는 사실에 마음이 쓰였고, 그래서 교도소의 직원들도 인성에 대해 반드시 배워야 함을 느끼고 있었기에 충격을 받았던 것이다.

목사에게 아이디어가 하나 떠올랐다. 교도소 내의 엘리베이터는 1층에 있는 중앙통제실에서 작동한다. 수감자, 변호사, 직원, 의료진 등 모두가 엘리베이터를 타려면 가만히 서서 기다려야 한다. 목사의 아이디어는 바로 모든 엘리베이터 옆에 인성 포스터를 걸어놓는 것이었다. 엘리베이터를 기다리면서 딱히 볼게 없으므로, 모두가 그 포스터를 읽을 수밖에 없었다. 이렇게 인성 포스터는 차츰 직원 출입구까지 진출하게 되었다. 그 후 하나는 방문객 안내소에 게시되었다. 지금은 게시판 7개가 보안부서에 걸려있다.

이러한 변화로 인해 직원들의 마음에 희망이 스며들었고, 인성에 대한 관심은 교도소에 넓게 퍼졌다. 이제는 공식석상에서 직원들을 인정하는 2개의 인성위원회가 있고, 매년 각 5개 부서의 직원이 공개적으로 칭찬받는 자리인 연회가 열리고 있다.

차원이 다른 범죄자들의 경우

또 한 번 놀라운 일이 일어났다. 교도관은 폭력배 두목들을 같은 방에 수감하기 시작했고, 목사는 10~12명의 강력한 범죄자들에게 인성을 가르치기로 했다.

교도소에서는 목사의 안전을 우려하여 감방 출입 시 10명의 경비원과 동반할 것을 지시했다. 거의 그 방 재소자 숫자만큼 많은 숫자였다. 놀랍게도 폭력배 두목들은 인성 훈련에 대단히 수용적이었다. 인성 훈련을 시작한 지 한 달이 지나자 목사는 단 1명의 경비원만을 동반하게 되었다.

몇 주 후, 어느 폭력배 두목이 목사를 껴안으며 훈련에 대한 감사를 표했다. 인성에 대한 강조는 그의 삶을 엄청나게 변화시켰기에, 그는 공부했던 모든 자료를 가족에게 보냈다. 아들이 자신과 같은 삶을 살기를 원치 않았기 때문이다.

부지불식간에 찾아온 결실

오클라호마 카운티 교도소에서 일어난 일은 인성 훈련이 어떻게 모든 조직에 영향을 미칠 수 있는지를 보여주는 완벽한 예이다. 그 교도소는 세상에서 가장 폭력적인 사람들을 상대하며 하루 24시간, 주 7일 동안 운영된다. 만약 인성 훈련이 거기서도 효과가 있다면, 어디서든지 효과를 볼 수 있다.

특이한 점은 목사가 인성 훈련을 보안부서 전체에 확산시키겠다는 포부나 목표를 갖고 있지 않았다는 것이다. 일단 인성 훈련이 시작되자, 주변 사람들 모두가 그 가치를 인식했다. "결실은 부지불식간에 살그머니 찾아왔습니다"라고 목사는 회고한다.

나는 손주들과 과학박물관 견학을 하던 중 캐릭터 퍼스트가 교도소와 보안부서에 끼친 영향에 대해 듣게 되었다. 박물관 직원은 2미터가 넘는 하얀 비단뱀 옆에 우리를 데려가 보고 만질 수 있게 해주었고, 나는 그 옆에 서있는 아이들의 사진을 찍었다. 딸아이와 한 남자가 서있길래, 뱀 옆에서 사진 한 장을 찍으라고 권했다. 그리고 사진을 보낼 수 있게 메일 주소를 물어보았다. 그는 오클라호마 카운티의 교도관임을 명함을 보고서야 알았다. 나는 그에게 인성 훈련에 대해 물어보고 싶은 마음을 참을 수가 없었다. "오클라호마 카운티 교도소와 보안부서에서 캐릭터 퍼스트라는 프로그램을 시행하고 있다고 들었는데요…. 그거에 대해 어떻게 생각하시나요?"

남자의 얼굴 가득 웃음이 번졌다. "우리가 지금까지 해온 일 가운데, 최고로 잘한 일입니다"라고 그는 대답했다. "교도소와 보안부서에만 도움을 준 게 아니라, 우리 가족에게도 자료를 가져가서 나누었더니 개인적으로도 정말 큰 도움이 되었습니다."

캐릭터 퍼스트가 조직, 가정 및 개인에게 주는 긍정적인 효과를 직접 체험한다는 것은 언제나 큰 기쁨이다.

마벨 바셋 교정시설

오클라호마 주는 전국 평균의 두 배 정도 여성수감율이 높다. 이것은 가정에도 커다란 영향을 미친다. 만약 오클라호마 주가 여성수감자 수를 전국 평균까지 낮출 수만 있다면, 주 예산을 연간 1800만 달러 이상 절약할 것이다.

구금형을 받는 여성의 3분의 2가량은 18세 미만의 자녀를 최소 1명 이상 부양하고 있다. 이것은 곧 수천 명의 아이가 엄마와 떨어지게 된다는 뜻이다. 좀 더 운이 좋은 아이는 나머지 가족들이 따뜻하게 돌봐주지만 다른 아이들은 집을 떠나 위탁보호소나 복지시설에 맡겨진다.

오클라호마 시 외곽의 마벨 바셋 교정시설에는 1천 명이 넘는 폭력적인 여성 범죄자들이 수용되어 있다. 대개 과실치사, 살인, 무장강도 또는 마약 거래 같은 중범죄자들이다.

대부분 상처가 많고, 분노와 울분에 차있다. 사실상 그들 모두는 일상에서 폭력, 학대 및 사기를 목격하면서 자랐다. 긍정적인 롤 모델을 보며 자란 사람은 거의 없다. 가장 가까운 사람들의 손에서 극도의 학대를 당하는 일은 그들의 삶에서 흔한 것이다.

이 중 많은 여성이 상습범이고 법정에서 종신형을 받는다. 잘 살아볼 동기가 거의 없는 이유는 '착한 행동'을 했다고 해서 좋은 대우를 받아본 경험이 없기 때문이다. 서로 폭행을 일삼고 교도관의 명령에 따르기를 거부한다.

교도소 행정부서는 점점 더 젊은 여성들이 수감된다는 연구 결과와 같은 걱정스런 추세에 주목하고, 변화가 필요하다는 결정을 내렸다. 여성들이 상습적 범행의 순환고리를 끊을 수 있도록 도와주고 더욱 안전한 감옥환경을 만들고 싶었다. 직원들은 인성 훈련에 대해 조사했고 캐릭터 퍼스트를 알게 되었다. 이들은 불안정한 배경에서 자랐기 때문에, 캐릭터 퍼스트와 교도소 행정부서는 강력하고도 광범위한 프로그램이 개발되어야 한다고 판단했다.

자원하여 인성 배우기

마벨 바셋 교정시설의 새로운 프로그램은 재소자들에게 강제로 인성 훈련에 참석하도록 요구하지 않았다. 관심 있는 여성은 참가를 지원해야 했다. 그 다음에는 해당 지원자가 진지하게 인생을 변화시키고자 하는지를 알아보기 위해 철저한 인터뷰를 했다.

교도소에서 진행할 교육 커리큘럼을 개발할 때, 갓 석방된 한 남자에게서 입사지원서를 받았다. 영문학 학위 소지자였고, 그가 우리를 도와 수감자를 위한 커리큘럼을 만들 수 있는 잠재력이 있음을 바로 알 수 있었다.

그는 교도소에서 생활할 때의 문제점, 수감자들의 은어와 교도소의 관습에 대해 알고 있었다. 그는 아주 적당한 시점에 우리에게 와주었고, 우리는 그의 도움에 진심으로 감사해했다.

200여 명의 여성 재소자들이 첫 번째 수업에 참여하게 되었다. 부정적인 인성문화가 교도소 시스템에 아주 뿌리 깊게 박혀 있었기에 인성 훈련에 참여하는 여성들은 나머지 죄수들과 격리되었다. 교도관들은 이들이 수업을 받지 않는 다른 죄수들과 어울려 삶을 개선할 여지를 갖지 못할까 염려했다. 그들 중 일부는 인성과 함께 영성을 강조하는 프로그램을 선택하여 믿음과 인성이라는 의미를 지닌 '하나님의 방'이라는 별칭의 감방에 배치되었고, 다른 사람들은 인성만 집중적으로 가르치는 '오직 인성 방'에 배치되었다.

여성들은 15개월 동안 주 30시간씩 강의에 참석했다. 이런 깊이 있는 훈련형태는 여성들의 사고방식을 변화시킬 유일한 방법으로서 새로운 태도와 생각, 그리고 행동을 선택할 자유를 주었다.

극적인 결과

마벨 바셋에서의 훈련 효과는 극적이었다. 훈련이 시작된 지 1년 후, 교도관들은 결과에 기쁨을 금치 못했다. 폭행의 횟수가 감소했고, 여성들과 교도관들 사이의 갈등도 줄어들었다.

불법행위의 숫자는 두드러지게 감소했다. 수업에 참여하기 전해에 그 여성들은 교도소 내에서 169개의 범죄를 저지른 반면, 프로그램을 시행하는 동안에는 69개의 범죄만을 저질렀다. 이것은 60퍼센트의 감소를 보여준다.

심각한 범죄의 발생 비율은 훨씬 더 놀라우리만치 확실하게 떨어졌다. 프로그램에 참여하기 전 그들은 'X등급' 범죄* 44개를 저질렀다. 밀수품 소지, 교도관들과의 몸싸움 및 다른 수감

---

* 가장 심각한 중죄로 6~30년형에 처함

자 상해 같은 것들이다. 이런 범죄를 저지른 죄수들은 따놓은 점수를 잃게 되고 30일간 격리된다. 프로그램이 진행되는 동안 이 여성들은 이런 부류의 범죄를 8개밖에 저지르지 않았다. 이것은 'X등급' 범죄의 80퍼센트가 감소한 수치다.

그 결과는 여성들이 프로그램을 이수하고 감옥의 일반 죄수들에게 돌아갈 때까지 계속되었다. 심지어 프로그램을 이수한 지 1년 혹은 그 이상의 기간에도 수료자들은 계속해서 인성 훈련의 효과를 증명했다. 수료자들은 모든 불법행위를 25퍼센트 이상 감소시켰고, 'X등급' 범죄는 50퍼센트 이상 감소시켰다.

여성들은 캐릭터 퍼스트를 통해서 자신의 문제를 처리하는 새로운 방법을 배웠으며, 지금은 이 프로그램에 참여하고 싶어 하는 대기자 명단까지 있다. 이 프로그램은 수감자들에게 목적과 방향을 제시해주었다. 그러나 무엇보다 중요한 것은 그들에게 희망을 주었다는 것이다.

한 수감자는 마약유통과 불법무기 소지로 여섯 번 투옥되었다. 그녀는 "많은 세월을 살았지만, 새롭게 태어난 것 같은 기분이 든 건 이번이 처음이에요. 이전에, 감옥은 단지 수용시설일 뿐이었어요"라고 말했다. "나는 항상 내 문제에 대해 남 탓을 했어요. 저는 지금 쉰 살이에요. 우리 손자들을 보러 빨리 집으로 가야겠어요."

또 다른 수감자는 자신의 수많은 생각을 압축해서 다음과 같이 표현했다. "이 프로그램이 아니었다면, 나는 해내지 못했을 거예요. (캐릭터 퍼스트 이전에는) 아무것도 내 인생을 변화시킬 수 없었어요."

오클라호마 시 공립학교들

내가 어릴 때는, 학교가 안전한 장소로 여겨져 요즘 우리 아이들이 맞닥뜨리는 많은 문제에 대해서 걱정할 필요가 없었다. 부모님이 아침에 나를 등교시키면서 오늘 무언가 잘못된 일이 생겨서 다시는 나를 보지 못할지도 모른다는 공포를 느낄 수조차 없었다.

하지만 시간이 지나며 상황이 변했고, 많은 사람이 더 이상 학교를 안전한 곳으로 볼 수 없게 되었다. 아이들은 교문을 들어서기 전에 금속탐지기를 통과해야만 한다. 하지만 일단 학교로 들어가면, 더 이상 탐지기도 안전을 보장해줄 수 없다. 우리 아이들은 마약, 폭력 및 집단괴롭힘을 비롯한 수많은 '도전'에 직면한다.

이에 따라 여러 학교는 복도를 순찰하고 학생들 간의 다툼을 줄이기 위해 경찰을 고용했다. 교내에 있는 경찰의 임무 중 일부는 학생들과 친하게 지내며 도움이 필요할 때 학생들이 마음 편히 이야기할 수 있게 하는 것이다.

진심을 다하는 경찰

어느 날 캐릭터 퍼스트는 오클라호가 시 공립학교에 배치된 경찰서 소속의 대민활동담당 클래런스 파워 경사로부터 전화 한 통을 받았다. 그의 임무는 학교를 안전한 장소로 만들고 학생들과 유대감을 형성하는 것이었다.

파워 경사는 교내에서 매우 우려되는 동향을 파악했다. 그가 처음 일을 시작했을 때, 범죄를 저지르기 전에 잡히는 젊은이들은 16~18세였다. 비록 그 아이들은 청소년이었지만 많은 아이가 성인으로 여겨져도 될 정도였다. 하지만 점점 범죄를 저지르는 학생들의 나이가 어려져 10~12세의 학생들이 법을 위반해서 붙잡혔다.

파워 경사는 이 문제를 심각하게 여겼다. 아이들이 지금 같은 선택을 계속한다면, 18세쯤 되었을 때는 성공적인 삶을 살 수 없게 하는 수많은 악수를 두게 되리라는 것을 알고 있었다.

파워 경사는 오클라호마 카운티 지방검사인 웨스 레인과 이런 걱정을 나누었는데, 검사는 캐릭터 퍼스트가 전 세계적으로 다양한 조직들을 돕고 있다는 것을 알고 있었다. 레인 검사의 제안으로 파워 경사는 우리에게 연락을 해왔고, 우리는 공립학교에서 활용 가능한 프로그램을 설계하는 과정을 함께 시작했다.

학교 시스템을 고려하기 전에 우리는 9개월간의 전체 학사일정을 위한 프로그램을 제시해야 했다. 교안을 개발한 후 캐릭터 프로그램 승인에 오랜 시간이 걸릴 것을 예상한 우리는 오클라호마 공립학교의 교육청장과 만날 일정을 잡았다.

그러나 회의가 끝나기도 전에, 캐릭터 퍼스트를 8개의 오클라호마 시 내의 학교에서 시범 프로젝트로 가르쳐도 좋다는 허락을 받았다. 우리는 3년 안에 40개 학교에서 인성을 가르치게 되었으며, 수년간 오클라호마 시 공립학교 시스템 내의 63개 초등학교 중 60개 학교에서 일하게 되었다. 그리고 10년이 넘었지만, 처음 캐릭터 퍼스트를 시행했던 8개 학교 중 일부는 여전히 이 프로그램을 사용하고 있다.

때로는 캐릭터 퍼스트가 조직에 끼치는 영향을 측정하기가 어렵다. 인성 훈련이 사람들의 환경과 삶을 어떻게 향상시켰는지 늘 수치화할 수 있는 것이 아니기 때문이다. 하지만 캐릭터 퍼스트를 시행한 조직과 함께 일한 전문가의 평가와 경험에 의존한다면, 그 변화를 측정할 수 있다. 이번 경우에는 매일 학생들과 상호작용하는 교사와 교장이 자신의 학교에서 시행된 인성 훈련의 진행을 지켜보았다.

캐릭터 퍼스트가 오클라호마 시 공립학교에서 사용된 지 1년 후, 그 효과를 측정하기 위한 조사가 이루어졌다. 교사와 교장은 각각 4개의 질문을 받았다.

① "인성에 대한 학생들의 지식이 증진되었는가?"
→ 90퍼센트의 교사가 "그렇다"고 답했고, 교장의 88퍼센트가 교사의 말에 동의했다.

② "인성 훈련은 당신과 학생들의 관계를 개선했는가?"
→ 68퍼센트의 교사와 75퍼센트의 교장이 "그렇다"고 답했다.

③ "캐릭터 퍼스트를 도입함으로써 훈육문제가 감소했다고 보는가?"
→ 47퍼센트의 교사와 50퍼센트의 교장이 "그렇다"고 답했다.

④ "학생들이 인성 훈련을 실생활에 적용하는 것을 본 적이 있는가?"
→ 68퍼센트의 교사와 75퍼센트의 교장이 "그렇다"고 답했다.

일단 캐릭터 퍼스트를 오클라호마 시 공립학교에서 실행하자 전국의 학교들로부터 인정을 받았다.

"자료들이 정말 좋고, 실행하기도 쉽습니다. 현재 2학년을 담당하는 교사로서, 이 커리큘럼은 학생들이 인성의 중요성을 인식하고 그 열매를 얻을 수 있는 씨앗과 목표를 심어준다고 생각합니다."

"우리가 계속해서 이 자료를 실행하면, 교사와 학생 모두에게 변화가 있으리라 봅니다. 교사들은 학생들과 소통할 수 있고, 학생들은 친구나 선생님과 더 잘 지낼 것입니다. 인성 교육이 가정에서 시작해 학교로 이어지는 일상의 부분임을 모든 학생이 배우고 깨달아서, 그 배운 바를 직장에도 적용할 수 있도록 해야 합니다. 이 커리큘럼에서 배운 것을 실천한다면 아이들은 더 좋은 사람이 될 것입니다. 저는 매일 아이들에게 인성 훈련이 지금부터 죽을 때까지 자신들의 인성과 삶에 영향을 줄 것이라는, 그 중요성을 알려줍니다."

"캐릭터 퍼스트를 학교에서뿐만 아니라, 저의 자녀들과 가정에서도 사용하고 있다는 말을 하고 싶습니다. 이 프로그램은 미국의 모든 학교에서 가르쳐야 한다고 생각합니다."

토피카 시 공립학교들

캔자스 주의 토피카 시는 지역사회 전체에 만연한 형편없는 인성의 여파를 알고 있었다. 비리사건이 시 정부를 요동시킨 것이다. 잦은 결근, 저조한 시험성적 그리고 폭력사건은 학교를 괴롭혔다. 시민들도 이런 문제로 골머리를 앓고 있었기에, 인성문제가 수면 위로 떠올랐다.

마침 이 시기에 미국 연방 정부는 인성 훈련 제공을 승인하기 시작했다. 토피카 시의 지도자들은 도시를 변화시키려는 열망이 있었기에 막대한 보조금을 신청하여 받을 수 있었고, 그 큰 자금을 공립학교의 인성 교육에 사용하기로 했다.

캐릭터 퍼스트는 오클라호마 시 공립학교에서 효과가 있었던 훈련 모델을 바탕으로 인성 훈련 프로그램을 만들고 실행하기 위해 학교 측과 긴밀히 협력했다. 훈련은 4년의 기간 동안 32개 학교에 개설되었다.

그뿐만 아니라 학교는 보조금으로 다른 외부 기관을 고용하여 인성 훈련의 효과를 측정할 수 있었다. 훈련 성과는 학업성

취도, 관대성, 부모의 참여도 및 삶의 질을 포함한 8개 영역에서 평가되었다. 또한, 그 기관은 책임감, 자신감, 진실성 및 직업 윤리도 측정했다. 연구 끝에 보인 수치는 명확했다. 인성 훈련을 받은 대부분의 학교는 전반적인 영역에서 큰 향상을 보였다. 게다가 그 밖의 2가지 연구 결과가 눈에 띄었다.

① **중학교에서 실시하는 인성 훈련은 특히 중요하다.** 많은 학생에게 있어 6~8학년*은 흔히 질풍노도의 시기, 사춘기이다. "북미의 중학생들은 개인적이고 감정적인 어려움을 안고 있다"고 위키피디아에서는 이 나이 또래를 이렇게 정의한다. "청소년기에 동반되는 신체 및 호르몬의 변화는 새롭게 깨닫는 자의식, 사회적 압력 및 또래와 같이 행동해야 한다는 압박감 그리고 정체성에 대한 욕구 때문에 더욱 악화된다." 이 연령 대의 학생들에게 캐릭터 퍼스트를 가르쳤더니 다른 집단보다도 더 큰 파급력을 가져왔다.

② **학생들의 성적도 떨어지지 않았다.** 인성 수업이 일반 수업을 방해하지 않았다. 사실 인성 훈련은 수업시간에 전혀 영향을 줄 필요가 없다. 인성 훈련이 학교에 완전히 통합

---

* 우리나라의 중학교 1~3학년에 해당됨

되면, 교사들은 여러 예시를 통해 인성을 가르칠 수 있고 매일 인성에 대해 칭찬할 수 있다. 이것은 수업시간을 방해하지 않으면서 학교문화를 개선한다.

캐릭터 퍼스트는 우리 학교를 변화시킬 수 있다.

우리 가정을 변화시킬 수 있다.

우리 기업을 변화시킬 수 있다.

캐릭터 퍼스트는 온 세상을 변화시킬 수 있다.

16장

세계 속의 캐릭터 퍼스트 사례

캐릭터 퍼스트는 이제 34개국 이상에서 활용되고 있으며, 교육 자료는 12개국의 언어로 번역되고 있다. 이는 캐릭터 퍼스트라는 문화의 폭이 엄청나게 넓다는 것을 나타낸다.

많은 사람이 처음에는 캐릭터 퍼스트가 자신들의 국가에서 제대로 효력을 발휘하지 못하리란 우려를 표했다. 그들은 킴레이의 성공이 미국만의 문화 덕분이라고 생각했다. 나도 처음에는 같은 걱정을 했지만, 이는 한계 요인이 아니었다. 캐릭터 퍼스트는 이들 국가 모두의 참가자들에게 잘 받아들여지고 있으며 사용되는 곳 어디서나 강력하고 긍정적인 영향을 끼치고 있다.

캐릭터 퍼스트가 성공할 수 있었던 이유는 인종, 성별 및 지리적 경계를 넘나들었기 때문이다. 당신이 몇 살이든, 어떻게 생겼든, 사는 곳이 어디든, 종교가 무엇이든, 그런 것은 중요하지 않다. 좋은 인성이라는 원리를 적용한다면 어느 상황에서도 성공을 이끌어낼 수 있는 더 나은 결정을 할 것이다.

캐릭터 퍼스트의 급속한 성장과, 이것이 다양한 기업과 조직 및 기관에 미친 영향에 그리 놀랄 필요가 없다. 캐릭터 퍼스트는 인간 본성에 바탕을 두고 보편적인 필요를 채우기 때문에 얼마든지 변형할 수 있다.

그것은 존경하는 사람을 기쁘게 하고 싶고, 그들로부터 칭찬과 인정을 받고 싶은 자연적 욕망을 충족시키는 것이다.

F.X. 모랄레스 어소시에이츠 – 멕시코 몬테레이 시

F.X. Morales & Associates - Monterrey, Mexico

미국 밖에서 캐릭터 퍼스트를 사용한 첫 번째 업체는 멕시코 몬테레이 시에 있는 F.X. 모랄레스 어소시에이츠(FXM)였다.

FXM은 최고급 식료품·향신료를 멕시코에서 유통하는 회사로 1988년 설립된 이래 강한 기업 가치를 강조해왔다. 하지만 회사가 성장하면서, 설립자인 자비에 모랄레스 씨는 그들의 핵심 가치를 유지하기 위해 인성을 정식으로 가르쳐야겠다고 판단했다.

모랄레스 씨는 1990년대 초, 우리가 텍사스 주의 댈러스 시에서 개최한 세미나에 참석했다. 세미나에서 그를 만나 여러 조직에서 인성 훈련이 이루어낸 차별적 변화를 설명했다. 세미나가 끝난 뒤 모랄레스 씨는 몬테레이로 되돌아가 캐릭터 퍼스트를 그의 회사에 접목했는데, 그것은 오늘날까지도 계속해서 차별적 변화를 만들어내고 있다.

인성 훈련은 FXM을 멕시코 최대의 식료품 유통회사 중 하나로 만드는 데 기여했다. 회사는 자신의 기업 가치를 고객, 공급업체 및 신입직원에게 전달하는 일을 간소화했다. 또한, 월례회의를 통해 직원들이 회사에 기대하는 바를 알아내고 그것을 경영하는 방식에 반영했으며, FXM의 직원들은 자신의 인성을 강화하는 데 관심을 가지고 타인의 인성에 대해 칭찬하는 법을 배웠다. 이것은 FXM의 경영철학을 다른 사람에게 전달하는 매개체이자 회사문화의 중요한 부분이 되었다.

FXM의 직원들이 말하는 가장 좋았던 점

"캐릭터 퍼스트는 인성과 그 중요성 그리고 업무에서뿐만 아니라 인성을 접목시킨 일상과 그것을 실행하는 과정에서 직원들끼리 대화할 수 있는 기점을 마련해주었다."

"이 프로그램은 우리 자신을 우리의 약점과도 직면하도록 만듦으로써 삶에서 중요한 부분을 계발하도록 자극을 준다. 그리고 더 나은 사람이 되도록 견고한 인성을 계발하게 하여, 그 결과 더 나은 직원이 되게 한다. 따라서 캐릭터 퍼스트의 목적은 직원의 잠재력을 계발해 더 나은 사람이 되게 하고, 사회에 좋은 영향을 끼치게 하는 것이다."

"삶에서 어려움, 위기 및 역경에 마주치기 전에는 인성의 중요성을 깨닫지 못한다. 그러나 인성을 계발하기 위해 애쓰면 긍정적인 결과를 보게 될 것이며, 그 단련된 품성은 어려운 순간에 우리가 다른 방식으로 반응하게 해줄 것이다."

2008년, 나는 몬테레이에 있는 또 다른 조직에서 세미나를 진행해달라는 요청을 받았다. 그 도시에 머무는 동안 FXM을 방문해 그 경영진과 직원들로부터 캐릭터 퍼스트가 회사에 미친 긍정적 영향을 정리한 보고를 받았다. 나는 또한 그 회사의 분기별 교육 과정에 참석해 20주년 기념행사에서 연설하였다. 그들은 캐릭터 퍼스트를 계속 사용하고 있었고 직원에게도 큰 장점이 있다고 보았다. 또한, 그들은 회사의 성장과 생산설비 확장 등의 성공에 이바지한 요인이 캐릭터 퍼스트라고 생각했다.

에벤토 인테그랄 – 멕시코시티Evento Integral - Mexico City

프란시스코 카브레라 씨와 마르가리타 카브레라 씨는 멕시코시티의 세계적 이벤트 컨퍼런스 기획사인 에벤토 인테그랄의 부부 경영자이다. 그 회사는 시청각 장비를 공급·설치하고, 통역 서비스를 제공한다.

카브레라 부부는 회사에서 함께 일하지만, 업무, 결혼생활 그리고 여러 갈등에서 오는 스트레스로 어려움을 겪고 있었다. 결국 이혼을 했지만 계속해서 함께 일하고 있었고 회사 밖에서 별개의 삶을 살며 14년 동안 에벤토 인테그랄의 동료로 지냈다.

사적인 영역에도 영향을 미치다

얼마 후, 미국에서 유학 중이던 딸인 에이첼이 캐릭터 퍼스트에 대해 알게 되었다. 에이첼은 이 프로그램이 가족의 회사를 도울 수 있겠다는 생각이 들었고, 특히 부모님의 관계에 도움이 될 거라는 소망을 가졌다. 에이첼은 캐릭터 퍼스트를 부모님께 설명하고 왜 부모님이 인성 훈련에 참석해야 하는지 말씀드렸다. 두 사람 모두 관심은 가졌지만, 우선 마르가리타 씨만 참석하기로 했다.

마르가리타 씨가 캐릭터 퍼스트 훈련을 받은 후, 프란시스코 씨는 그녀의 삶에서 긍정적인 변화를 보게 되었다. 그래서 자신도 훈련에 참석해야겠다고 결심했다. 카브레라 부부가 배운 것을 적용했을 때, 결혼생활이 실패하게 만든 문제들이 점차 사라졌다. 그들은 서로를 용서할 수 있게 되었고 관계를 회복했으며 마침내 재결합하기로 했다.

프란시스코 씨와 마르가리타 씨는 기념예식을 준비하면서 이혼 법정 판사가 그들의 이혼서류를 접수하지 않았다는 것을 알게 되었다. 그 부부는 법적으로 여전히 남편과 아내임을 알지 못한 채 10년 이상을 별거상태로 지냈던 것이다. "우리는 결혼한 지 39년이 되었어요." 프란시스코 씨가 말했다. "14년의 휴가를 포함해서 말이죠."

새로운 지평을 열다

카브레라 부부는 인성 훈련이 가져온 변화를 경험하고 나자, 비록 자료 가운데 많은 부분이 스페인어로 번역되지는 않았는데도 회사에서 활용하고 싶다는 열정이 생겼다. 하지만 처음 시도는 캐릭터 퍼스트에 대한 열의에 차있었으나, 미칠 수 있는 영향에는 한계가 있었다. 주된 이유는 캐릭터 퍼스트를 어떻게 현실적인 방법으로 실행할지에 대한 명확한 생각이 정립되지 않아서였다. 추가적인 훈련 세미나에 참석한 후 카브레라 부부는 인성에 대해 칭찬하기 시작했고 직원회의를 열었으며 적용단계를 실행했다. 그리고 긍정적인 결과가 나타나기 시작했다.

드디어 인성은 에벤토 인테그랄의 문화에 스며들었다. 가정생활에도 도움이 되었고, 직장에서의 관계를 향상시켰으며, 직원들의 사기를 진작시켜 그들이 끊임없이 탁월함에 도달하도록 고무시켰다. 에벤토 인테그랄의 직원인 모니카 가르시아는 이렇게 말했다. "캐릭터 퍼스트는 제가 매일 이루고 싶어하는 높은 기준입니다."

에벤토 인테그랄이 캐릭터 퍼스트를 실행하는 방식의 독특함은 월례회의에 가족 참석을 격려한다는 것이다. 직원의 배우자와 자녀는 어떻게 인성 훈련이 그들의 가정에 영향을 미쳤는지를 이야기하고, 그중 많은 이들이 그것이 어떻게 관계의 회복에 도움을 주었는지에 관한 정보를 교환한다. 회사는 이것이 캐릭터 퍼스트를 채택하고 얻은 가장 귀한 결과라고 본다.

카브레라 부부는 다른 가족과 조직에게도 인성 훈련을 추천했다. 에벤토 인테그랄은 캐릭터 퍼스트의 발전·추가를 위한 번역과 제작을 후원했다. 또한, 멕시코시티에서의 첫 번째 캐릭터 퍼스트 세미나의 조직을 준비하고 후원했다. 100개 이상의 기업들이 첫 번째 컨퍼런스에 참석했다. 인성 훈련에 대한 반응이 너무나 좋아서 멕시코의 여러 지역에서 추가로 컨퍼런스가 열렸고, 과테말라와 코스타리카 등 다른 남미 국가들에서도 세미나 요청이 왔다.

"나의 삶에서 캐릭터 퍼스트를 만나기 전, 나는 내가 회사에서 없어서는 안 되는 귀하디귀한 존재라 여겼고, 회사가 나의 수준에 맞지 않는다고 생각했다. 내 계획과 아이디어를 받아들이지 않는 권위자에게 화가 났다. 이런 분노가 강해지자 고혈압과 당뇨까지 생기면서 상황은 더 악화되었다. 캐릭터 퍼스트 훈련은 적절한 시점에 나의 권리와 개인적 기대를 내려놓는 법을 배우게 해주었고, 섬기는 마음을 계발하게 해주었다. 겸손함이 자부심과 온유함을 계발하는 것보다 낫다는 것을 깨닫게 되었다. 또한, 권위자들을 존중하고 경의를 표하는 것 그리고 좀 더 유연해지는 법을 배웠다. 회사 이미지나 권위자의 이미지에 손상의 위험이 있을 때 호소하는 법과 고객 및 공급업체와 더 긍정적인 방법으로 소통하는 법도 배웠다. 나는 이제 동료들 그리고 권위자들과 좋은 관계를 맺고 있으며, 존중의 마음을 갖고 있다." **오랄리아 베르티즈(에벤토 인테그랄 직원)**

카브레라 부부는 열정적인 캐릭터 퍼스트의 후원자 그 이상이 되었다. 그들은 캐릭터 퍼스트 멕시코의 대표가 되었으며 남미 전역에 있는 사업체, 학교 및 감옥에 인성 훈련을 도입하려는 비전을 품고 있다.

에버라이트 화학산업회사 – 대만 타이베이 시
Everlight Chemical Industrial Corporation - Taipei, Taiwan

대만 타이베이 시 소재의 한 기업체에서 캐릭터 퍼스트 훈련을 요청했다. 캐릭터 퍼스트는 보편적 필요를 위한 것이지 문화적 이슈가 아니라는 나의 믿음에도 불구하고, 아시아에서 발생하는 문제는 성격이 달라서 캐릭터 퍼스트가 효과가 없으리란 우려를 했다. 타이베이 시에 사는 내 친구는 언어의 장벽이 있더라도 효과를 볼 것이라고 장담했지만, 여전히 염려를 떨칠 수가 없었다.

절박한 심정으로 〈차이나타임스China Times〉지의 영어판을 구독했다. 떠나기 전 몇 달간 신문을 읽으며, 거기서 보도하는 문제와 어려움이 미국 주요 도시 신문의 내용과 같다는 데에 깜짝 놀랐다. 이것은 전 세계적으로 인성에 관한 문제는 똑같다는 것을 다시 한 번 확인시켜주었다. 자신감을 얻은 뒤 일정을 짜고 우리는 대만에서 여러 번의 캐릭터 퍼스트 세미나를 개최했다.

대만에서의 놀라운 깨달음

대만에서 캐릭터 퍼스트를 처음으로 도입한 대기업은 염료산업계의 선두주자인 에버라이트 화학회사이다. 에버라이트의 창립자이자 대표이사인 첸딩추안 씨는 1972년 창사 이래 회사 내부에서 정직과 인성에 대해서 가르쳐왔다.

첸 씨는 대만에서 1997년 9월에 캐릭터 퍼스트 훈련이 예정되어있다는 소식을 들었다. 그는 즉각적으로 그 훈련이 에버라이트의 경영철학인 '진보와 혁신, 개인 잠재력의 자극 및 삶의 질에 대한 기여'를 강화해주리라는 것을 알았다.

훈련에 참석하기로 한 첸 씨는 에버라이트에서 60명의 관리자를 데리고 왔다. 이 팀에게 3일간의 세미나는 큰 깨달음을 주었고 4개월 안에 회사 전반에서 캐릭터 퍼스트를 실행하기에 이르렀다.

에버라이트에서의 시작

에버라이트는 직원들이 읽고 논의할 수 있도록 캐릭터 퍼스트 자료를 중국어로 번역하는 일부터 시작했다. 월례회의에서, 직원의 생일에 그리고 일상에서 누군가가 좋은 인성을 나타내면, 그 인성을 칭찬하는 일도 시작했다. 어떤 부서는 '인성 우편함'이라는 것에 착안해 좋은 인성을 목격한 사람은 그것을 메모해서 우편함에 넣도록 권장했다. 우편함을 월례회의 동안 열어 두고, 모든 직원이 함께 인성 편지를 나누었다. 회의를 마치면 어떤 부서는 요점을 카드에 기록하여 직원들이 목에 걸 수 있게 했다.

에버라이트는 인성 잡지를 만들었고, 카드와 포스터를 활용하고, 생활 속 좋은 인성의 사례를 홈페이지에 게시하는 등 다양한 방법으로 인성에 대해 나누었다. 회사는 직원들이 인성 게임을 할 수 있는 부스를 마련해 연례행사를 열기 시작했다. 모든 직원의 인사고과에 인성을 20퍼센트 반영하는 등 직원평가에 변화를 주었다. 에버라이트에 입사하려는 사람들은 이제 면접에서 인성에 대한 질문에 답해야 한다.

13년이 흘렀는데도 캐릭터 퍼스트는 여전히 그 회사의 필수적인 부분을 이루고 있다. 직원들이 완전한 잠재력에 이르게 하는 플랫폼이 되었고, 그들 가족의 자존감을 높여주었으며 또한 지역사회에도 영향을 끼쳤다.

에버라이트를 넘어서

인성 훈련에 대한 첸 씨의 헌신은 계속 확장되었다. 그는 인성이 그가 속한 지역사회는 물론 대만 전체에 본질적인 요소라고 믿었다. 1998년 12월, 대만 전역에 인성 훈련을 장려하기 위해 그는 IBLP - TAIWAN 재단법인 이사장을 맡았다. 첸 씨는 IBLP - TAIWAN 재단을 설립하면서 대만의 모든 초등학교에 인성 훈련을 소개하고, 인성을 배우려는 학생들을 위해 직원들이 자원봉사를 하도록 에버라이트의 공장 근처에서 여름캠프를 추진했다.

대만에서의 경험은 캐릭터 퍼스트가 아시아에 영향력을 미치는 시작단계에 불과했다. 우리는 이제 한국, 싱가포르, 인도네시아, 말레이시아, 몽골, 필리핀, 홍콩, 마카오 및 중국에서 세미나를 개최하고 있다.

코스타 그룹 – 호주 빅토리아 주

The Costa Group - Victoria, Australia

실망스러운 소개

몇 년 전 호주의 퍼스 주에 사는 경영자들을 만나 직원과 동료의 인성 칭찬에 대한 개념을 설명했다. 경영자들은 호주에서는 통하지 않을 것이라고 했다. 호주인들은 절대 남을 대놓고 칭찬하는 법이 없다는 이유였다. 그들은 악의 없이 서로 모욕을 주는 말을 하고는 그것을 칭찬으로 받아들인다. 예를 들어 관리자는 "당신은 소중한 직원이에요"라는 말 대신에 "비열한 놈"이라고 할 것이다. 그 사람을 알아주고 말을 건다는 것 자체가 칭찬으로 받아들여진다.

그들의 우려대로 호주에서 처음 캐릭터 퍼스트를 소개했을 때, 완전히 실패했다. 하지만 1년 후 일련의 사건들이 일어나면서 캐릭터 퍼스트에 새로운 기회가 찾아왔다.

탁월함의 역사

코스타 그룹은 가족기업이다. 그들은 소규모 가족사업을 4대에 걸쳐 운영하면서 이를 호주의 48개 지역에 8천 명의 직원을 둔 회사로 성장시켰으며, 회사의 연간 수익은 8억 달러가 넘는다.

코스타 그룹은 호주의 가장 큰 사기업 가운데 하나이며, 식료품 분야에서 가장 큰 민간기업이다. 코스타 그룹은 농장 운영의 광대한 네트워크에서부터 도매 아울렛, 수출입 사무소와 창고형 물류센터에 이르기까지 신선한 농산물을 호주의 슈퍼마켓 체인점에 공급한다(내가 신선하다고 할 때는 진짜 신선한 것이다!). 과일과 채소, 특히 감자는 사람들이 구매하기 전까지 여러 달 동안 창고에서 보관하는 게 드문 일이 아니다. 그러나 코스타는 채소나 과일을 수확 후 며칠 내, 때로는 24시간 이내에 가게의 채소 보관함에 가져다둔다.

코스타는 언제나 가치와 인성에 초점을 맞추어왔다. 소규모 회사였을 때는 경영자 가족이 전체 직원에게 인성 본보기가 되기 쉬웠다. 하지만 3~4대의 가족이 회사를 국내외로 뻗은 수천 명의 인적 네트워크로 발전시키면서, 모든 직원에게 회사의 가치관을 이해시키고 적용하기란 만만찮은 일이 되었다.

1990년대 중반, 회장 프랭크 코스타 씨는 회사 내에서 그가 반영하고자 하는 가치와 행동을 직원들에게 가르칠 방법을 찾기 시작했다. 많은 '프로그램'들을 검토해보았지만 만족스러운 것을 찾지는 못했다. 어떠한 직원 교육이나 개인적 칭찬에도 냉소적인 호주의 문화에 이런 프로그램들이 적용될 수 있을까 반신반의하기도 했다.

얼마 후 코스타 씨는 캐릭터 퍼스트에 대해 알게 되었고 1998년 오클라호마 주에서 열린 3일간의 캐릭터 퍼스트 세미나에 회사 임원을 참석시켰다. 훈련 후 그 임원은 탄성을 질렀다. "이게 바로 우리가 원하는 것입니다! 호주로 돌아가 우리 회사에서 캐릭터 퍼스트를 시작할 생각을 하니 정말 흥분됩니다!"

공통적 경험

캐릭터 퍼스트는 기본적인 문제를 강조하고 사람들의 마음 깊은 곳까지 어루만집니다. 우리에게는 여러 헌신적이고 열정적인 훈련지도자들이 있습니다. 우리 세미나에 참석하면, 사람들은 반드시 인성 훈련이 제공하는 놀라운 가치를 알게 되고 그들 조직의 핵심 가치를 즉시 바꾸게 됩니다.

초기의 난관

당시에는 몰랐지만, 그 임원은 호주를 떠나기 전부터 저항에 직면해야 했다. 코스타 내에서 강한 탄발이 있었고, 많은 직원이 캐릭터 퍼스트가 또 다른 '이달의 직원 제도'와 다를 바 없다는 우려를 했다. 그런 제도들은 이미 코스타에서 시도해보았지만 이미 실패한 것들이었다. 그 임원이 돌아와 지금까지 시도했던 프로그램과 캐릭터 퍼스트의 차이를 열성적으로 상세히 설명하자, 코스타의 경영진은 인성 훈련 실행에 동참했다. 하지만 중간 관리자들과 나머지 직원의 동의를 얻기는 더욱 어려웠다.

다행히 코스타의 형제들인 프랭크, 앤서니, 케빈 그리고 로버트는 수년 동안 인성을 가르쳐왔었다. 그들은 호주의 신선 농산물 산업계에서 정직과 공정성이라는, 그들에게 늘 타협 불가였던 가치로 탁월한 명성을 구축해왔다. 캐릭터 퍼스트의 훈련을 코스타 전반에 걸쳐 실행할 필요가 있음을 그들이 깨달았을 때, 우리의 생각이 그들 가족이 여러 세대에 걸쳐 해왔던 것과 일치한다는 사실이 도움이 되었다.

코스타가 부딪힌 어려움은 사실상 비판의 문화에서 칭찬의 문화로 옮겨가는 모든 조직에서 발생하는 것과 같다. 전 세계 수백 개의 다른 회사들처럼 코스타의 관리자들도 우리에게 까다로운 질문을 던졌다.

- 어떻게 모든 사람의 동의를 얻나요?
- 문화를 바꾸기까지 얼마나 걸리나요?
- 꼭 한 달에 한 번씩 회의를 해야 하나요?
- 어떻게 그렇게 많은 직원에게 업무 휴식시간을 줄 수 있죠?

이러한 초기의 반응 외에도, 으레 그랬듯이 코스타는 관리자들이 대중 앞에서 연설하는 데에 두려움을 느낀다는 문제를 발견했다. 또한, 인성 행동을 강조할 때, 직장에서 그들에게 '완벽함'을 요구하는 것으로 받아들이는 직원도 있음을 알게 되었다. 이것은 단시일 내에 전체 직원에게 엄청난 압박감을 불러일으켰다.

놀라운 혜택

비록 코스타가 이런 어려움을 염려하긴 했지만, 사실 그것은 캐릭터 퍼스트가 조직을 도울 때 공통적으로 발생하곤 하는 문제였다. 우리가 권하는 방법 중 하나는 대중 연설 훈련을 일선 관리자에게 제공해보라는 것이었다. 그 훈련은 일선 관리자가 사람을 다루는 데 자신감을 줄 뿐만 아니라, 기대치 못한 여러 유익도 준다. 바로 일선 관리자들이 고객과 수준 높은 상호작용을 하기 시작한 것이다.

캐릭터 퍼스트는 코스타에게 그들이 소중히 여기는 가족의 가치관을 가르치고 강화하는 틀도 제공했다. 또한, 프랭크 코스타 씨는 회사 곳곳에서 좋은 인성을 지속해서 보여주도록 직원들을 교육했다.

일단 코스타가 인성을 강조한다는 것이 알려지자, 인성을 중시하는 직원과 인성을 중시하는 업무환경에서 일하고 싶어하는 직원의 마음을 끌게 되었다. 이것은 직원들의 마음을 안정시켰고 인사문제를 감소시켰으며 신규직원 채용비용을 절감시켰다. 인성 훈련은 코스타의 고객 기반 또한 확장시켜주었다. 고객들은 덕성, 공경심 및 신실함으로 자신을 대우해주는 회사와 거래하기를 원하기 때문이다.

캐릭터 퍼스트는 코스타가 꾸준히 좋은 행동을 실천한다는 명성을 발전시켜나가도록 도왔다. 벽에 포스터 한 장 달랑 붙여놓고 말로만 그렇게 하는 것이 아니라, 직원들이 옳은 일을 하기를 마음으로 바랐다. 캐릭터 퍼스트는 가르쳤고 본보기를 만들었으며 업무 현장에서 인성을 강화했다. 이것은 모든 분야의 직원이 자신의 행동에 대해 주의 깊게 생각하게 했으며 코스타가 전체 조직에 걸쳐 채용, 교육 및 직원 유지에 지속적인 사업 모델을 확립할 수 있게 해주었다.

게다가 코스타는 캐릭터 퍼스트가 자신의 조직과 접촉하는 가족들에게 '파급 효과'를 준다는 것을 깨달았다. 코스타는 인성 훈련이 직원의 가정으로 들어가 어떻게 그들의 삶을 나아지게 했는지를 정기적으로 듣는다.

코스타에서 캐릭터 퍼스트는 월례회의나 훈련 혹은 자기 계발 활동 이상의 것이 되었다. 조직의 진정한 일부가 되었으며 회

사의 모든 구성원으로부터 좋은 인성을 기대하게 하였다. 그것
은 조직의 DNA이다.

> "나는 캐릭터 퍼스트가 기막히게 좋은 것이라고 생각합니다.
> 처음에는 시몬과 프랭크가 생각하는 것만큼 사람들이 큰 의
> 미를 갖지 않을 수도 있습니다. 하지만 모든 문제를 한 번의
> 월례회의에서 해결할 수는 없겠지요. […] 캐릭터 퍼스트의
> 의미는 각각의 사람에게 다른 의미로 다가갈 테지만, 그것은
> 우리를 차별화시켜줍니다. […] 우리 회사를 구별시켜줍니다.
> […] 또한, 누군가는 '보잘것없는 사람'으로 여길지 모르는 많
> 은 직원이 자신의 동료와 상사에게서 인정받는 일은 정말로
> 멋지다고 생각합니다."
> **게리 메도우즈(코스타 직원)**

중국

몇 해 전 중국 정부는 베이징에서 캐릭터 퍼스트 세미나 개최
를 요청했다. 반응을 예측할 수 없었기에 우리는 소규모 장소를
예약했다. 세미나 날짜가 다가왔을 때, 예상보다 많은 참석자들
로 인해 우리는 두 배 더 큰 장소를 빌려야 했다. 캐릭터 퍼스트

는 열렬히 환영받았고 주요 대학과 영향력 있는 회사의 임원들로부터 만나달라는 요청을 받았다.

중국에서의 다음 일정은 상하이였는데, 많은 사람이 참석하여 좋은 반응을 얻은 워크숍이었다. 세미나 다음 날, 우리는 중역들이 훈련에 참여한 적이 있는 더 큰 회사에 초청받았다. 우리가 도착했을 때, 49개의 품성과 그 정의가 중국어로 번역된 거대한 현수막들이 눈에 잘 띄는 곳에 걸린 채 우리를 맞이하였다. 그 회사는 캐릭터 퍼스트가 필요하다는 사실을 알고 있었고 이것을 시작하는 데에 시간을 낭비하지 않았다. 그래서 그 모든 품성과 정의를 번역하고 현수막들로 제작하여 24시간 안에 걸어둔 것이다.

다른 회사들 또한 직원을 위한 견고한 기초를 쌓기 위해 인성 훈련 활용에 관심을 보였다. 오늘날 우리는 회사 중역들을 교육하기 위해 캐릭터 퍼스트 사무실을 홍콩과 상하이에 두고 있다.

말레이시아

2001년 10월, 말레이시아 정부는 쿠알라룸푸르에서 열린 가족을 주제로 한 국제 컨퍼런스에서 캐릭터 퍼스트가 중심이 되어달라고 요청했다. 그 컨퍼런스에서 커릭터 퍼스트에 깊은 인상을 받은 국가인구가족개발위원회 장관이 말레이시아 가정 전체를 도울 방법을 알고자 오클라호마 시에 왔다.

캐릭터 퍼스트의 중요성을 알고 있는 말레이시아 정부의 인사는 그녀만이 아니었다. 그 정부 인사는 이렇게 말했다. "이 프로그램은 우리나라를 위해 필요한, 바로 그것입니다."

아프리카

캐릭터 퍼스트는 최근 남아프리카공화국에서 훈련지도자가 활동할 수 있도록 승인했다. 훈련은 열광적으로 환영받았고 인근 국가로까지 퍼졌다. 르완다에서는 폴 카가메 대통령이 캐릭터 퍼스트에 관한 관심을 표했고 현재와 미래의 리더를 위한 리더십 개발 프로그램에서 그것이 중대한 요소가 될 거라 믿는다고 말했다.

| 17장 |
인성으로 채용하기

베스트 셀러 작가인 짐 콜린스는 《좋은 기업을 넘어 위대한 기업으로 *Good to Great*》에서 '적합한 인재를 버스에 태우는 것'과 '부적합한 인재를 버스에서 내리게 하는 것'이 중요하다는 것을 언급하고 있다.

급속한 성장, 고객의 요구를 만족시켜야 한다는 필요 그리고 다른 여러 가지 압박감이 결과를 충분히 고려하지 않고 채용을 결정하게 한다. 모든 직원은 생산성, 직원들의 사기, 수익 및 고객 서비스 등 많은 것에 영향을 미친다. 임시직원이든, 정규직 근로자이든, 보조원이든 또는 최고위급 관리자이든 우리는 모든 채용 결정을 신중하게 해야 한다.

새로운 시대에는 새로운 도전이 생긴다

과거에는 인성이 좋은 사람을 고용하는 일이 오늘날처럼 어렵지 않았다. 킴레이의 공장에는 과거를 회상하는 철로가 있다. 1950년대 후반 어느 무더운 여름날, 갓 고등학교를 졸업한 한 청년이 직업을 찾기 위해 오클라호마 시의 선로를 걸어 내려가고 있었다. 그는 우리 공장을 지나다가 차고 문 그늘에 서있는 한 남자를 봤다. 그들은 서로 손을 흔들었다. 그 청년은 볕을 피해 한숨 돌리려 그에게 말을 붙였고 담소를 나누기 시작했다. 어디로 가고 있느냐 또 무엇을 하고 있느냐는 질문에 그 청년은 일자리를 구하러 시내로 가고 있다고 말했다. 출입구에 있던 그 남자는 알고 보니 공장의 관리자였고, 그는 "여기서 일해보지 않겠는가?"라고 말했다. 그는 그 자리에서 제안을 받아들였고 그 청년은 나중에 관리자로 승진해 은퇴할 때까지 킴레이에서 일했다.

이런 일이 요즘에는 일어나지 않을 것이다. 킴레이의 정문을 들어서는 구직자들 중 약 50퍼센트는 약물과 알코올 테스트를 통과하지 못한다. 불법약물 사용 및 알코올 남용은 회사에 심각한 손해를 주는 인성문제를 수반한다. 미국 약물교육협회에 따르면, 약물 남용자의 70퍼센트 이상은 직업을 가지고 있다. 그들이 직장에서 부정적인 영향을 미치려는 의도로 근무 중에 특별히 좋지 않은 행동을 하지는 않는다. 다만 약물을 남용하지 않는 동료들과 비교해볼 때, 약물남용자들은 생산성이 33퍼센트 낮고, 업무상 실수를 할 가능성이 열 배이며, 산재보험청구를 할 가능성이 다섯 배 높다. 현장 사고와 관련될 확률은 거의 네 배이고, 그 과정에서 본인이나 타인을 다치게 할 가능성도 다섯 배나 많다.

킴레이에는 약 5년간 주물과 연성철을 주조하는 공장이 있었다. 어느 날 한 관리자의 손이 조형기에 끼었다. 그를 병원에 데려가 치료했고, 사고 정책에 따라 그는 불법약물 및 알코올 테스트를 받았다. 테스트를 통해 그가 법적으로 음주상태임을 알 수 있었다. 그가 이상하게 행동하지 않았기에 우리는 놀랐지만, 후에 왜 그가 취한 상태임을 눈치채지 못했는지 알 수 있었다. 그가 맨정신일 때를 한 번도 본 적이 없었던 것이다.

잘못된 지름길은 실패로 인도한다

이미 확립된 과정을 무시하고 지름길로 가려는 충동은 강렬하다. 내가 일을 시작한 초창기에, 킴레이는 중대한 전환점에 있었다. 매출은 급속히 늘고 있었고, 비싼 기계와 원자재를 사들였지만, 수주잔량은 계속 증가하고 있었다. 우리는 당장 일할 수 있는 미숙련 근로자를 고용해 교육하기 시작했다. 그런데도 수주잔량은 늘어만 갔다. 우리가 적시에 납품하지 못하자, 기존 거래처에서 우리의 경쟁사들에 일거리를 내주었다.

그 절체절명의 몇 해 동안 우리는 고용에 있어 용의주도하지 못했다. 결과적으로 생산성을 높이는 대신 수치가 곤두박질치는 것을 지켜보아야만 했다. 동시에 지각, 잦은 결근, 절도, 사고 및 산업재해보상 모두가 증가했다. 당연히 인사문제도 급격히 증가했다. 돌아보면 성장 속도를 제한하는 것이 적절한 절차 없이 적합하지 않은 직원을 고용한 데 따른 후유증에 시달리는 것보다 더 낫지 않았겠냐는 생각이 든다.

인성을 우선으로 하여 고용하기

고용에 있어 인성이 정확히 얼마나 중요할까? 인성이 기술보다 중요한가 또는 기술이 인성보다 중요한가? 인성과 기술 사이에서 선택해야 하는가 또는 기술과 인성 모두를 갖추는 것이 가능한가?

짐 콜린스는 "'적합한 인재'를 파악함에 있어 좋은 기업을 넘어 위대한 기업으로 가는 회사들은 특정 학력, 실용적 기술, 전문지식 또는 경력보다는 인성 자질에 더 큰 비중을 두었다"는 사실을 알아냈다. 위대한 기업이 되려면, 직원 고용 과정에서 인성이 반드시 가장 중요한 기준이 되어야 한다.

킴레이는 좋을 때나 나쁠 때나 조직에 가장 적합한 인재를 고용할 수 있는 고용 절차를 확립해야 했다. 우리 조직이 인성을 중시하는 문화로 알려졌다면, 모든 채용후보자에 대해 인성에 기반을 둔 고용 결정을 내려야 했다.

그러기 위해서는 우선 전형적인 입직원서로는 충분치가 않았다. 그것은 단지 이름, 주민등록번호, 주소, 구직형태, 학력, 특별한 교육이나 기술, 이전의 고용주 그리고 추천서 같은 신상정보만 요구할 뿐이다. 종종 킴레이에서 지원자의 이전 고용주에게 연락을 해보면, 그는 고용 사실과 그 직원이 고용에 적합한지만 확인해주려고 한다. 킴레이가 지원자의 추천서를 작성한 사람과 연락해보면 보통은 좋은 이야기만 듣게 된다. 왜냐하면, 지원자는 그런 추천서만을 신경 써서 골랐기 때문이다. 중요한 사실은 우리 취업지원서가 기술을 바탕으로 한 것이기에 채용후보자의 인성에 대한 식견은 거의 줄 수 없다는 것이다.

• 그래서 우리 자신에게 던진 2가지 질문

① 고용 과정에서 인성을 분별할 수 있는가?

② 예비직원에게 인성이 드러나게 하는 질문을 하는 것이 합법인가?

• 그것이 가능한가?

첫 번째 물음에 대한 답은 "그렇다"이다. 만약 우리가 과거의 행동에 대해 질문을 한다면 말이다. 개인의 인성을 가장 잘 예측하는 방법은 각양각색의 상황, 특히 힘든 상황에서 드러난 과거의 반응을 보는 것이다.

> 나의 두 발을 인도해주는 유일한 램프가 있는데,
> 그것은 경험이라는 램프다.
> 나는 과거를 통해서만 미래를 판단할 수 있다.　**패트릭 헨리**

우리는 내면동기나 핵심 가치와 같이 그 사람의 진짜 모습을 알 수 있게 해주는 질문이 필요했다. 면접 과정에서 우리를 안내할 추가 자료를 지원서 부록에 넣기로 했다. 그것은 채용후보자의 구체적이고 전반적인 인성을 분별해낼 수 있는 질문을 포함했다.

> ## 땅을 조금 파보기
>
> 할머니 댁 채소밭에서 일하던 어린 시절, 땅을 조금이라도
> 파보기 전에는 땅 속에 얼마나 많은 감자가 있는지를 알 수 없
> 었다. 인성도 마찬가지다. 어떤 사람의 가음속을 조금이라도 알
> 아 보기 전에는 그 사람의 인성을 판단할 수가 없다.

한 사람의 모든 인성을 면접 과정에서 이야기하거나 물어볼
수 없다는 건 분명하다. 따라서 우리는 면접에서 논의하기에 타
당하다고 생각하는 주요한 품성 몇 가를 선택했다. 구체적으로
시간 엄수, 정돈, 순종, 진실성, 충성, 만족, 용서, 관용 및 겸손에
관해 대화를 나누었다.

예를 들어 시간 엄수에 대한 주제가 나오면, 킴레이에서는 보
통 지원자에게 이전 직장에서 관리자가 당신에 대해 꾸준히 약
속 시간을 지킨다고 말할지 그리고 이전의 고용주가 당신의 출
근실적에 대해 어떻게 평가할지를 물어본다. 질문에 따라 우리
는 지원자가 어떤 사람인지를 더 알그자 추가 질문을 할 수도
있다(더 많은 면접 질문은 부록 B를 참조하라).

• 합법인가?

사내 변호사들이 처음 지원서 뒤의 인성 부록을 검토했을 때,

두 번째 물음에 대한 그들의 답은 "아니요"였다. 착하고 보수적인 변호사들이 대담한 생각을 마주할 때의 전형적인 반응이다. 그들은 일이나 직원의 업무수행과 관련 없는 질문을 하는 것은 위법일지 모른다고 생각한다.

직원의 인성은 일에 있어 대단히 중요하다는 사실을 우리는 변호사들에게 설명했다. 모든 조직은 그들 직원의 인성에 대해 알아야 할 타당한 이유가 있다. 어째서 인성이 직업과 관련이 있는지 변호사들이 완전히 이해하도록 예시를 몇 개 들었다.

① **시간 엄수**　제조공장에는 한 직원이 다른 직원과 교체하는 교대근무가 있다. 교대할 직원이 늦으면, 앞서 일한 직원이 곤란해진다. 때에 따라 지각은 제조 과정에 지장을 주어 큰 손실을 일으킨다.

② **정돈과 순종**　경쟁력 있는 회사가 되려면, 모든 것과 모든 사람이 가장 효율적인 방식으로 임무를 완수하기 위해 협력해야 한다. 이것은 지시와 절차를 기꺼이 따르려는 순종을 요구한다.

③ **진실성**　당신이 은행직원을 고용하려 한다면, 그가 진실한 사람인지가 중요하지 않겠는가? 물론이다. 진실성을 판단할 수 있는 질문을 하는 것이 현명하지 않을까? 틀림없

이 그렇다.

④ **안정**   고용주는 모든 직원에게 안전한 업무 현장을 제공할 의무가 있기에, 이 의무를 다하기 위해 직원의 인성을 반드시 알아야 한다. 해결되지 않은 분노와 고통, 이 2가지 문제는 오늘날 직장에서 벌어지는 주요한 문제이다. 원한을 품거나 분한 마음을 붙잡고 있는 대신, 용서하고 관대한 마음을 갖는 것이 좋은 인성이다. 살인은 직장에서 여성이 사망하는 경우 중 두 번째로 많은 원인이며, 남성 사망의 경우 세 번째이다. 한 직원이 다른 직원을 살해하는 행동은 너무나 만연해서 '고잉 포스털going postal'*이라는 별명을 갖고 있다. 고용할 때 주의하라. 그렇지 않으면 잠재적으로 해로운 결과가 나타나 큰 고통을 받게 될지 모른다.

효율적인 업무수행과 인성에 어떤 상관관계가 있으며 인성이 왜 필요한지를 설명하고 논의한 후, 변호사들은 면접 질문과 추가적인 논의가 합법적이며 필요한 경우가 생기면 우리를 변호하겠다고 했다.

20년 전에 인성을 포함하는 방식으로 취업지원서를 확대한

---

* '몹시 격분하다'라는 뜻으로 미국 우체국에서 살인사건이 줄줄이 일어날 때 파생된 말이다

후, 법적으로 문제가 일어난 적은 한 번도 없었다. 허나 그래도 취업지원서에 변화를 주기 전에 변호사와 먼저 상의하라는 것이 나의 조언이다.

창의적으로 생각하라

한 사람의 진짜 인성을 분별하려 할 때, 독창적으로 생각하는 것이 도움이 된다. 토머스 에디슨은 기발한 기업가였다. 1,903개의 미국 특허권을 갖고 있으며, 그 기록은 아직도 유효하다. 그는 엔지니어와 발명가를 고용해 팀으로 일했다. 에디슨이 신규 직원 채용을 고려할 때의 이야기이다. 에디슨은 그 사람과 점심을 먹으러 가서 수프 2인분을 주문했다. 음식이 나오면, 그는 채용후보자를 지켜보곤 했다. 만약 맛을 보기 전에 소금을 치면, 자신의 예측에 의해 행동한다는 신호였다. 그러면 에디슨은 그 사람을 고용하지 않았다.

어떤 사람은 이 이야기를 듣고 "소금을 치는 것이 공학과 무슨 연관이 있죠?" 하고 물을 것이다. 에디슨은 언제나 엔지니어처럼 사고했으며, 모든 직원도 그와 같아야 한다고 믿었다. 그것은 증명되지 않은 어떤 사실에 대해서도 추정하지 않고 주변 환경에 대해 끝없는 의문을 던지며 시험해보는 것을 의미했다. 에디슨은 직원 한 사람이 근무하는 동안 내린 가설이 세상을 변화시킬 새로운 발명과 실패의 차이를 츠래할 수 있음을 알고 있었다.

내 친구 중에 주택을 임대하는 사업을 하는 사람이 있다. 세입자들을 들일 때에 인성이 괜찮은 자들만 들여서 세입자가 말썽을 일으킨 경우가 거의 없다. 그 친구의 성공 열쇠는 예비 세입자의 자동차를 관찰하는 것이다. 자동차의 수리도 잘 되어있지 않고 차 안에 쓰레기도 많다면, 세틀 주지 않았다. 자신의 소유물을 잘 관리하지 않는 사람은 임대한 집도 잘 관리하지 않을 것이라는 게 그의 생각이다.

비용을 따져보라

신규직원을 채용하는 일은 비용이 많이 든다. 이직으로 인해 발생하는 비용은 직원 연봉의 75~150퍼센트다. 인성이 좋은 사람을 채용하는 데는 좀 더 시간과 비용이 들 것이다. 컴퓨터를 쓸 줄 아는 절도범을 고용하면, 그는 당신의 것을 훔치는 데 그 능력을 사용할 것이다. 그러나 인성이 좋은 사람을 고용해 컴퓨터 사용법을 가르치면, 그는 그것을 조직의 유익을 위해 쓸 것이다. 당신의 회사에는 지원자의 인성을 고려하는 고용 절차가 있는가?

킴레이의 지원서에 포함된 샘플 질문 몇 가지가 '부록 B'에

수록되어있다. 이 질문이 우리에게는 효과가 있었지만, 당신 조직의 필요에 맞고 적절한지는 전문가와 반드시 상의해야 한다. 질문은 후보자의 생각과 응답을 끌어내는 것이라야 한다. 그의 대답은 추가적인 질문과 논의의 기회를 줄 것이다. 기억하라. 당신은 후보자의 평판과는 다를 수도 있는, 그의 핵심 가치관을 알아내려는 것이다. 그가 진짜 어떤 사람인지를 알고 싶은 것이다. 인성 말이다.

나는 당신 조직의 문화를 인성 중심의 문화로 완전히 바꾸는 방법을 딱 3가지 알고 있다. 하나는 직원들이 좋은 인성을 계발하도록 돕는 것이다. 다른 하나는 좋은 인성을 지닌 사람을 고용하는 것이다. 세 번째는 나쁜 인성을 지니고서도 변화하기를 거부하는 사람을 해고하는 것이다. 각각은 당신 조직의 건강을 위해 필수적이다. 그러나 좋은 인성을 지닌 사람을 채용하는 편이 채용한 후에 인성을 변화시키기보다 쉽다.

인성 중심의 문화를 가진 회사와 좋은 인성으로 명성이 높은 직원을 원한다면, 반드시 인성을 보고 채용해야 한다. 다른 길은 없으며, 지름길도 없다.

인성을 보고 고용하라. 기술은 가르치면 된다.

| 18장 |

인성으로 바로잡기

관리자들이 가장 무서워하는 책임은 인사문제를 다루는 것이다. 나쁜 태도, 지각, 험담, 근무태도 불량, 거짓말, 절도, 태만, 예방 가능한 사고 및 비밀 의제 같은 것은 모두 나쁜 인성에서 비롯된다.

마지막으로 직원을 해고했던 때를 생각해보라. 왜 그는 해고당했는가? 기술의 부족인가, 아니면 인성의 문제였는가? 나는 수백 명의 CEO들과 경영자들에게 이것을 물어보았고, 그들의 대답은 모두 한결같았다. 그들의 마지막 해고는 인성문제에서 비롯되었다. 안타깝게도 보통의 경우 직원이 문제를 반복적으로 일으킨 후에야 해고한다. 리더는 문제직원을 처리하는 데 여러 시간을 보낼 것이며, 그래도 문제는 해결되지 않을 수 있다.

리더들이 갈등을 해결하는 데 30~42퍼센트의 시간을 보낸다는 조사 결과가 있다. 인성과 관련된 문제에 쓰인 시간을 다 계산하면, 그 수치는 70~80퍼센트로 뛰어오를 것이다. 형편없는 인성을 가진 직원은 관리자의 시간을 순식간에 독차지하여 당신 회사가 위대한 기업이 되게 하는 일에 일선 관리자가 집중하지 못하게 할 것이다.

누구도 완벽하지는 않다. 모든 관리자는 결국 직원을 바로잡는 일을 단행해야 한다. 관건은 교정을 '해야만 하는가'가 아니라 '언제 해야 하는가'이다. 당신은 그 사람과 회사 모두에게 가장 좋은 방법을 준비해야 한다.

적절한 교정은 문제를 신속히 해결하고, 가르침을 주고, 회개하게 하고, 관계를 회복시키고, 미래의 문제를 축소 또는 예방하는 긍정적인 행동 변화를 촉진하기도 한다. 적절하게 교정을 시행한다면 리더는 큰 이득을 얻는다. 또한, 관리자가 회사의 진짜 문제에 집중할 수 있는 추가적인 시간도 준다.

리더들이 일한 만큼 급여를 받는지 모르기 때문에, 나는 양심상 그들에게 리더십 기술을 배우고 캐릭터 퍼스트를 일과의 목록에 넣어야 한다고 말할 수가 없다. 인사문제를 20퍼센트만 줄여도, 관리자는 하루에 1시간 이상을 직원과 자신 그리고 조직을 위해 투자할 수 있을 것이다. 적절히 교정하는 방법을 포함하여 캐릭터 퍼스트를 실행하는 것은 손실된 시간을 회복하고 사기와 생산성을 높이며 당신 회사의 문화를 튼튼히 할 수 있다.

기초

적절하고 의미 있는 교정은 직원과 당신 사이의 올바른 관계이다. 직원을 처음 고용할 때나 당신이 일선 관리자가 됐을 때 교정에 대한 기초작업을 시작해야 한다. 당신이 이 작업을 교정이 필요한 시점 훨씬 이전부터 해왔기를 바란다. 그릇된 태도, 행동 및 언어는 나쁜 인성이 드러난 것으로, 관계가 손상됐음을 보여준다. 교정의 주요 목적은 이 손상된 관계를 회복하는 것이다.

어떤 관리자는 직원으로부터 거리를 두어야 한다고 생각해 그들의 삶에 간섭하지 않는다. 하지만 거리를 유지하면서 통제도 하려 한다. 이것은 잘못된 것이며 효과도 없다.

이전에 당신 팀의 모든 직원과 적절한 관계를 확립하지 못했다면 오늘부터 시작할 수 있다. 적절한 관계를 발전시키려면, 리더는 행동의 기준을 세워야 하고 기대하는 바를 명확히 해야 한다. 이미 굳어진 패턴을 수정해야 하며 오래된 습관을 깨고 새로운 습관을 형성해야 하므로 시간이 오래 걸릴 테지만, 당신은 그렇게 할 수 있다.

기대

킴레이에는 훌륭한 리더가 많다. 그중 찰리라는 리더는 특히 신입직원 교육에 귀재이다. 그는 각각의 업무기능을 세밀히 설명하여 신입직원이 무슨 일을 해야 할지를 잘 이해하게 해준다. 찰리는 또한 휴가, 출결, 거친 장난, 욕설, 복장 및 근면함에 대해 회사가 기대하는 바를 이야기한다. 기대에 미치지 못하면 교육받을 기회가 주어지겠지만, 문제를 지속적으로 일으키면 궁극적으로는 해고될 것이다. 그의 직원들은 찰리가 기대하는 바와 그에 미치지 못했을 때의 결과를 알고 있다.

한 직원이 처음으로 지각했을 때, 찰리는 그를 따로 불러 단도직입적으로 물었다. "계속 일하고 싶은가요? 그러면 정시에 와서 일을 시작하는 모습을 보여주세요. 일을 그만두고 싶다면 지금 말하세요. 퇴직금을 드릴 테니, 다른 직장을 알아볼 수 있을 겁니다." 그는 두세 번을 기다리지 않았다. 처음부터 기대하는 바를 확립하고 요구사항을 명확히 하는 일에 한결같았으며 발생하는 문제는 즉시 지적했다.

찰리의 아들 토머스가 16세이던 어느 여름, 토머스는 찰리 밑에서 일을 했다. 토머스가 찰리의 아들이기에 특별대우를 받을 것으로 생각한 직원도 있었을 것이다. 그러나 출근한 지 이틀째 되는 날, 찰리는 토머스를 따로 불러내 이렇게 말했다. "나는 네가 누군지 알고, 아빠가 누군지도 알아. 네가 누구인가 하는 그 사실 때문에, 다른 누구보다 더 열심히 일해야 한다는 것을 알아야 한다. 그렇게 하지 않는다면 킴레이가 아닌 다른 곳에서 일해야 할 거야."

토머스는 자신의 보스가 어떤 사람인지와 자신에게 요구되는 바를 곧바로 알아차렸다.

요구는 중요한 것이다.
초기에 확립하고, 기준을 높이 잡고,
당신의 직원에게 성공의 수단을 주어라.

회사도 또한 모든 직원이 이해할 수 있게 요구하는 바를 정책에 반영해야 했다. 우리는 좋은 인성의 기준, 즉 49개의 품성과 그에 대한 캐릭터 퍼스트의 정의에 기반을 둔 회사 정책을 원했다. 우리 직원 핸드북에는 전반적인 회사 비전뿐 아니라 윤리, 인사고과, 교정, 직무책임, 약물 테스트, 용모, 전자기기 사용, 산재

보험 그리고 퇴직연금제도 및 직원복지를 위한 이익 배분 제도
와 기타 혜택을 비롯한 여러 주제에 대한 상세한 설명이 있다. 게
다가 인성 칭찬하기, 인성 정의 사용하기, 예시 그리고 이로운 점
등은 인성에 관련해 요구되는 바와 기준을 확립하고 알려준다.

본보기가 되라

나는 다음의 인용구를 본 일이 기억난다. "당신의 행동이 너
무나 크게 말해서 당신이 하는 말을 들을 수가 없다." 세계 최고
의 리더십 전문가인 존 맥스웰은 약간 다르게 표현했다. "사람들
은 자신이 보는 일을 하기 마련이다." 핵심은 우리의 행동이 우
리의 말보다 더 영향력이 크다는 것이다.

이 인용구의 의미에 따르면 리더에게는 높은 기대를 요구하
게 된다. 당신이 지각하면서 직원에게 정시에 올 것을 요구할 수
없다. 당신이 고객을 대할 때 참을성이 없다면, 직원에게 참을성
을 요구할 수 없다. 당신이 자신의 행동에 책임지지 않으면, 직
원에게 자신의 행동에 책임지라고 요구할 수 없다.

이 말은 당신이 완벽해야 한다는 의미일까? 절대 그렇지 않
다. 가장 가혹한 비평가도 당신에게 무결점을 요구하지는 않는
다. 리더로서 기대되는 바는 잘못했을 때 인정하고 용서를 구하
고 태도를 돌이키는 것이다. 단순하지만 쉽지 않다. 리더로서 하

게 될 가장 어려운 일 중 하나는 잘못했을 때 인정하는 것이다. 또한, 당신의 행동에 책임을 지고 용서를 구하는 것은 훨씬 더 어렵다.

많은 리더들은 잘못을 인정하는 것이 나약함의 표현이고 권위가 손상되는 일이라고 생각한다. 하지만 그것은 전혀 사실이 아니다. 실수에 대한 행동과 책임을 받아들이고, 필요하다면 용서를 구하라. 이것이 당신에 대한 직원들의 존경과 충성심을 키워갈 것이다.

> 사람은 남을 존중하는 만큼 존중받을 만하다. **랠프 월도 에머슨**

행동에 엄격하게 책임을 지게 하는 것은 변화를 향한 강한 원동력이 된다. 잘못했을 때 진심으로 인정하고 용서를 구하면 엄청난 책임의식이 생길 것이다. 이것은 당신의 태도가 변하여 좋은 인성을 갖도록 동기를 부여할 수 있다.

내가 너무나 언짢았을 때 했던 중역회의가 또렷이 기억난다. 나는 화난 말투로 대답했고, 기분 나쁜 얼굴과 부정적인 반응을 보였다. 몇 사람은 어찌할 바를 모르고 상처를 받은 채로 회의장을 떠났다. 진정이 된 후 나는 거기 있던 모든 이들에게 용서를 구해야 함을 깨달았다. 단순히 "미안합니다"라고 말하는 것은 효과도 없고 진정성도 없다. 대신, 내 행동으로 인해 모든 사람이 어떤 느낌을 받았을지에 대해 반성했다.

"회의 중에 화를 낸 것은 잘못입니다"라고 인정했다. "제가 화를 내며 반응하기 때문에 여러분이 마음속에 있는 생각을 편히 말하지 못한다는 것을 알고 있습니다. 저를 용서해주시겠습니까?" 사람들은 넓은 마음으로 나를 용서해주었고, 나는 신뢰 회복을 위해 이후의 회의에 이전처럼 즐거운 마음으로 임했다.

> 화날 때 말해보시오.
> 그러면 평생을 후회할 최고의 말을 할 수 있을 것이오.
>
> **로렌스 J. 피터가 미 의회에 보내는 편지, 1789년 4월 30일**

> 당신의 발은 걸음을 걷고 당신의 입은 말을 하지만,
> 당신의 발걸음은 당신의 입이 하는 말보다 더 크게 말한다.

진심 어린 관심을 보이라

> 당신이 그들에게 얼마나 관심이 있는지 알기 전까지
> 아무도 당신이 얼마나 많이 아는지에 신경 쓰지 않는다.
>
> **시어도어 루스벨트**

리더로서 우리는 흔히 얼마나 다양한 지식을 쌓아왔는지를 드러냄으로써 사람들을 이끌려고 한다. 이 자리에 오르기까지 열심히 노력했는지를 증명해보이고 싶은 충동을 느낄 수 있지만, 이것이 문제를 만들어낸다. 어떻게 하면 다른 사람이 우리 말에 귀 기울이게 할 수 있을까? 우리는 반드시 직원과 그들의 가족, 건강, 취미 그리고 신앙에 대해 먼저 관심을 가져야 한다. 모르는 이들을 위해 진심 어린 관심을 갖는다는 것은 어려운 일이다.

나의 사업경력 대부분은 영업이었다(사업가는 모두가 영업하지 않겠는가?). 맨 처음 고객을 방문했을 때, 나는 그녀에 대해 아는 바가 거의 없었다. 다행히 미팅이 진행되는 동안, 나는 몇 가지 개인적인 사실을 알게 되었다. 기혼일까? 자녀는 있을까? 지금의 위치에 오른 지는 얼마나 되었을까? 취미는 무엇일까? 이런 것은 공적인 정보로 여겨지기에, 사회적으로 용인되는 질문들이다.

이런 정보는 기억하기 어려울 수 있지만, 다음 만남에서 개인적인 사실을 기억하는 것만큼 고객에게 감동을 줄 수 있는 방법은 별로 없다. 훌륭한 세일즈맨은 기억하는 재주를 갖고 있거나 훌륭한 고객연락망 관리 시스템을 갖고 있다. 나는 감퇴하는 기억력 때문에 도움이 필요했다. 롤로덱스로 시작해 포쾀파일럿*

---

* 포켓용 컴퓨터

을 졸업하고 지금은 아이폰을 쓰고 있다.

우리에게 중요한 고객임을 알려주기 위해 오랫동안 노력할 수 있다면, 왜 직원을 위해서 그보다 덜 노력하겠는가? 얼마나 많은 사람을 관리하느냐에 따라 고객연락망 관리자가 필요할 수도 있고 아닐 수도 있다. 직원이 1~2명뿐이더라도 공식적인 정보를 파악하기 위해 그들과 시간을 내어 이야기해야 한다. 이것은 진심 어린 관심을 보이는 것이다.

질문함으로써 대화에 참여하게 하되, 사생활을 침해하지 말라. 최근에 알게 된 사람에게 물어볼 만한 질문을 하라.

"취미가 무엇인가요?"

"주말에는 뭘 하세요?"

"자녀가 있으신가요?"

"아이들은 몇 살인가요?"

"어떤 스포츠를 가장 좋아하세요?"

"회사에 얼마 동안 근무하셨나요?"

질문 후 직원이 대답하게 하라. 이것이 가장 어려운 부분이다. 경청은 완벽히 터득한 사람이 거의 없는 어려운 기술이다.

훌륭한 사람만이 경청자가 될 수 있다.　　　　**아서 헬프스**

상세 정보를 기억하는 데 도움이 필요하다면 사무실로 가서 고객연락망 관리 프로그램에 정보를 입력하라. 이것은 고도의 지능이 요구되는 일이 아니다. 그렇기는 하지만 어떤 리더들은 공적 정보를 알아내는 일의 중요성을 이해하지 못하거나 그것을 잘 수집하는 방법을 모른다.

직원에게 다가서더니 노트를 꺼내 질문하기 시작하던 어느 리더가 기억난다. 그는 "여기서 일한 지 얼마나 되었지요?"라고 물은 후 노트에 대답한 것을 적었다. 또, "아내의 이름은 무엇입니까?"라고 묻고 직원의 답변을 바로 앞에서 적었다. 그 관리자가 자신의 직원에 대해 좀 더 알려고 한 것은 칭찬받을 만하지만, 직원이 존중을 받는다는 느낌이 들었을지는 의문이다. 기억하라. 관심을 두거나 신경 쓰고 있음을 보여주는 최고의 방법은 질문하고 경청하는 것이다. 당신의 관심사보다 직원의 관심사에 관해 이야기하라.

관계가 발전할수록 더 사적인 정보를 나눌 수도 있을 것이다. 직원은 가족이 아프다는 사실이나 아이들에 관한 문제 또는 어려운 개인 형편에 대해 편안하게 이야기할 것이다. 사적인 사실을 당신에게 털어놓을 때 그들은 특별한 신뢰를 보일 것이다. 그들의 믿음을 저버리지 말라. 비밀을 지켜주고 양해를 구한 후, 허락한 뒤에만 그것을 나누어라.

신속히 행동하라

바로잡기의 목적은 깨어진 관계를 회복하는 것임을 명심하라. 당신은 한가로이 앉아 문제가 저절로 해결되기를 바랄 수 없다. 그런 일은 거의 없기 때문이다. 문제가 사라질 수도 있지만, 당신이 해결책을 제시하지 못하면 영향력 있는 리더에게 필요한 권위와 존경 그리고 협력을 결코 얻지 못할 것이다.

또한, 시간이 갈수록, 규칙을 위반하는 직원은 머릿속에서 자신의 잘못을 최소화하고 행동을 정당화하기 시작한다. 인간의 생각은 놀랍다. 자기를 정당화하기 위한 충분한 시간이 주어지면, 잘못을 저지른 직원은 자신이 완전히 결백하다고 믿는 데까지 이른다. 대신 윗사람이나 규칙이 잘못되었다고 믿는다. 그들의 생각 속에서 자신은 잘못을 저지른 사람이 아닌 희생자이다.

사람들은 자신을 기다리게 한 사람의 잘못을 세고 있다.

프랑스 속담

오랜 세월에 걸쳐 우리는 규칙위반에 관한 회사 정책을 만들어왔다. 그것은 바로 "오늘 들은 것은 오늘 내로 행동한다"이다. 큰 은행도 문제를 들은 그날의 업무가 마감되기 전에 모든 문제를 바로잡는다는 이와 비슷한 정책을 시행하고 있다. 그것은 '해지기 전 규칙'이라고 불린다. 문제를 인식한 그날 모든 문제를 바로잡는 것이 목적이다. 특히 인사문제에 관해서 말이다. 비록 모든 사실관계를 알지 못하고 어떤 조처를 해야 할지 모르더라도, 규칙을 위반한 직원에게 당신이 문제를 인지하고 있다는 것과 진실을 파악하고 적절한 조처를 취하기 위해 온 힘을 기울일 것이라는 사실을 공식적으로 알려야 한다.

규칙위반을 다루는 데 있어 "지금 막 들은 바로는…," 혹은 "지금 막 다음과 같은 보고를 받았네…," 또는 "내가 지금 막 알게 된 사실은…"과 같이 신속하게 말하는 것보다 더 강력한 방법은 없다.

절대 화난 상태로 반응하지 말라

우리 중 대다수는 직원이 규칙을 어기거나 잘못을 하면 화난 상태로 반응한다. 많은 사람이 이렇게 생각한다. "화난 게 아니야. 좀 언짢고, 짜증이 난 것 같아. 하지만 난 화난 게 아니라고." 안타깝게도 주변 사람들은 당신이 화가 났다고 생각한다.

어느 교회 주일학교에서 성인 남자를 대상으로 "하루에 최소한 한 번 화를 내는 사람, 손 들어보시겠습니까?"라고 물었다. 아무도 손들지 않았다. "일주일에 한 번은요?" 또다시 아무도 손을 들지 않았다. "자 그러면, 최소한 한 달에 한 번 화내시는 분은요?" 몇 명의 손만 올라갔다. 나는 깜짝 놀랐다.

그러고 나서 나는 다음의 지시사항이 적힌 가로 8센티미터, 세로 8센티미터 크기의 카드를 그 남자들에게 주었다. "집으로 가서 아내와 아이들에게 다음과 같이 물어보십시오. '내가 화났다는 것을 어떻게 알아? 그리고 내가 얼마나 자주 화를 내지?' 가족들에게 '내가 화를 내?'라고 묻지 마시고, '얼마나 자주 내가 화를 내?'라고 물어보십시오."

카드를 돌려받았을 때, 거기에는 화가 났음을 눈치채게 하는 남자들의 행동들로 빼곡히 차 있었다. 이것이 많은 통찰을 주고 적용하기에도 좋을 것 같아 '부록 C'에 담았다. 강조하고 싶은 몇 가지만 여기 적어본다.

"목소리가 높아져요."
"비난해요."
"벽을 쌓아요."
"우리 남편은 심하게 상처 주는 말을 해요(뼛속까지 사무치도록 말이죠)."

"모욕감을 줘요."

"아이들에게 참을성이 없어져요."

"공격적이 돼요."

"이야기하지 않으려 해요."

"그이는 방안을 계속 서성이는 것밖이는 하지 않아요. 그이의 화난 감정을 감지하면 우리는 '살얼음 위를 걷는 듯한' 기분이 들어요."

어떤 부인은 남편이 몹시 화가 나면 진공청소기를 꺼내 카펫을 청소한다고 했다. 다소 우습긴 하지만, 다른 부인들이 우리 남편도 그런 식으로 분노를 표현했으면 좋겠다고 했다.

> 노하기를 더디하는 자는 용사보다 낫고,
>
> 자기의 마음을 다스리는 자는 성을 빼앗는 자보다 나으니라.
>
> 《구약성경》〈잠언〉16장 32절

당신은 이렇게 말할지도 모르겠다. "탐, 너무 관련 없어 보이는 상황에 비유하는 것 아닌가요? 아이와 배우자에서 직원과 리더까지라니요." 직원도 가족과 마찬가지로 인식한다. 키워드는 '인식'이다. 알아차리는 게 모든 것이다. 당신은 단지 짜증이

난 것이지 화난 게 아니라고 생각하겠지만, 직원들이 당신이 화난 것으로 인식하면 그들은 당신이 화가 났을 때처럼 반응할 것이다. 그들은 화난 모습에 반응하지, 법규위반에 반응하지 않는다. 이것이 관계의 회복을 방해한다.

혈기를 다스리라. 누구도 그것을 좋아하지 않는다.　**미상**

따로 불러 이야기하라

많은 사람이 저지르는 중요한 실수는 규칙을 위반한 직원을 공개적으로 질책한다는 것이다. 공개적인 질책은 모욕감을 주어서 상처를 남긴다. 인격의 존엄성을 앗아가고 불충까지 일으킬 수 있다. 이것은 어른이나 아이나 똑같다. 곤란함에 빠지면 우리는 다른 상황에서는 하지 않을 행동이나 말을 하게 된다. 게다가 공개적으로 부딪히면 자신이 저지른 잘못에 대해 생각하기보다는 자신의 평판을 지키기 위해 방어적인 태도를 보이게 된다. 항상 규칙을 위반한 직원과는 개인적으로 대면하라. 관리자나 인사과의 직원 같은 증인이 필요할 수도 있지만, 다른 동료들이 있는 자리에서는 야단치지 않도록 주의하라.

개인적 책임을 확실히 하는 것으로 시작하라. 나는 그 사람이 무엇을 잘못했는지부터 말하는 경향이 있다. 더 나은 방법은 "당신이 한 일은 무엇입니까?"라고 질문함으로써 '그 사람이' 직접 '나에게' 말하게 하는 것이다.

흔히 듣는 대답은 다음과 같다. "그러니까 다른 사람이…."

가만히 질문을 반복하라. "아니요. '당신이' 한 일이 무엇입니까?" 직원이 결국 "제가 한 일은…"이라며 자신이 한 일을 인정할 때까지 반복하라. 그리고 위반한 사실을 명확히 하라. 직원이 한 말을 반복하고 그 일어난 일이 맞는지 물어라.

양심에 호소하라

사람들이 자신의 잘못을 인정하는 것은 중요하다. 그 지점까지 도달하도록 하는 가장 좋은 방법은 의지나 감정 또는 물리적 대가가 아닌 양심에 호소하는 것이다.

① **의지에 호소하지 말라.** "당신은 지금보다 더 잘할 수 있어요"라거나 "다시는 그러지 않겠다고 약속하세요"와 같은 말은 보통 다시는 법규를 위반하지 않겠다는 다짐을 끌어내려는 노력이다. 규칙을 위반한 직원이 자신은 잘못이 없다고 생각하면서 그저 당신의 기준에 못 미친 것뿐이지 자신의 기준에서는 문제 될 게 없다고 여긴다면, 그런 다짐은 무의미한 것이며 오래가지도 못 할 것이다.

② **감정에 호소하지 말라.** "다른 사람에게 상처가 될 줄 몰랐나요?"라거나 "고객이 그런 물건을 받아보면 기분이 어떨까요?"와 같은 말은 본질적으로 규칙을 위반한 직원이 자신의 행동에 죄책감을 느끼게 해서 잘못을 반복하지 않기를 바라며 하는 말이다. 다시 말하지만, 그들은 당신의 요구에 동의할 수는 있어도 절대로 자신의 행동이 잘못됐다고 여기지 않는다.

③ **물리적 대가에 호소하지 말라.** "이틀 동안 근무를 쉬세요. 봉급은 없습니다"라거나 "야근을 하거나 주말에 나와 이 일을 바로잡아놓으세요"와 같은 말은 진심으로 잘못했다고 생각하지 않는 이상 전혀 효과가 없을 수 있다.

50년 넘게 운전을 해오면서 속도위반 통지문을 몇 번 받은 적이 있다. 벌금은 점점 비싸지고 있다. 요즘 속도위반 벌금은 수백 달러이며 내 자동차 보험료도 인상될 것이다. 딱지를 너무 많이 떼이면, 면허가 정지된다. 이뿐 아니라 속도위반으로 차가 부서져 크게 다칠 수도 있다. 속도위반의 결과는 참혹하다.

하지만 우리는 여전히 더 빨리 달리고 싶어한다. 왜일까? 걸리지 않을 것으로 생각하기 때문이다. 남들이 속도위반을 하는 것을 보며 저 사람이 걸리지 않는다면 나도 그럴 수 있겠다고 생각한다. '나는 지금 바쁘니까'라고 생각한다. 나는 운전을 잘

하니까 사고가 나지 않을 걸로 생각한다. 좋은 합리화의 구실이지만, 진실은 몇 킬로미터 정도 속도제한을 어기는 것쯤은 잘못이라 생각하지 않는 것이다. 내가 정말 그것이 잘못이라고 믿었다면, 그렇게 하지 않았을 것이다. 결과만 가지고는 충분히 제재할 수 없다.

행동을 변화시키려면 올바른 행동에 동의해야 하고, 생각이나 마음 혹은 감정이 아닌 양심에 호소해야 한다. 다음은 양심에 호소하는 질문들이다.

"그것은 진실했습니까?"

"당신은 시간을 엄수했나요?"

"당신은 절제했습니까?"

"속도위반은 법을 어기는 것입니까?"

괴로운 심정 드러내기

괴로운 심정을 드러내는 것은 사람들에게 그들의 행동이 우리의 관계에 얼마나 많은 손상을 입혔는지를 깨닫게 하는 또 다른 방법이다. 괴로움은 그것이 신뢰와 존중의 상실이든, 충성심의 상실이든, 관계로 입은 손상의 괴로움을 표현하는 것이다.

어떤 사람은 슬픔의 감정을 전달하는 데에 문제가 있다. 거기에는 다음과 같은 몇 가지 이유가 있다.

① **관계의 결핍** 관계가 없으면 아무 것도 잃거나 깨어질 것이 없으므로, 슬퍼할 것도 없다.

② **분노** 당신이 화가 날 때는 슬픔을 표현하기가 어렵다. 또한, 분노는 상대방이 공격받았다고 느끼게 하므로 그들이 손상된 관계에 집중하지 못하게 한다.

③ **지식의 결핍** 모든 사람이 슬픔을 표현하는 법을 아는 것은 아니다. 슬픔은 커다란 상실이나 실망 뒤에 우리가 경험하는 자연스러운 감정이다.

슬픔을 표현하는 데에는 침묵, 눈물, 표정 및 신체 언어를 비롯한 여러 가지 방법이 있다. 사람들에게 잘못된 행동의 심각성을 이해시키고자 고군분투할 때, 조용히 앉아 그들의 행동을 가만히 떠올리면서 왜 관계가 깨졌는지를 생각해보라. 양심에 호소할 수 있는 몇 가지 질문을 함으로써 침묵에 마침표를 찍어라. 이런 과정에 시간을 투자할 준비를 하라. 어떤 사람은 자신의 행동으로 타격을 입은 관계가 무엇인지 완전히 인식하는 데까지 더 오랜 시간이 걸릴 수도 있다.

슬픔을 가장해서 사람을 조종하지 마라. 손상된 관계에 슬픔을 느끼지 않는다면, 진정으로 그 직원의 성공을 염려하고 있는지를 다시 생각해보아야 한다.

후회가 아닌 회개를 구하라

"후회 없이는 회개할 수 없어도 회개 없이 후회할 수는 있다"는 말이 있다.

① **후회**는 어떤 행동의 결과로 초래된 슬픔이다. 후회와 관련된 마음의 변화는 없다.

② **회개**는 문자 그대로 '돌아서서 반대쪽으로 가는 것'이다. 행동을 뉘우치고 고칠 때 사람들은 그 행동이 옳았다는 믿음에서 틀렸다는 믿음으로 생각을 바꾼다.

교정의 목적은 사람들에게 자신의 행동이 잘못된 것임을 깨닫도록 돕기 위함이다. 또한, 당신은 그들이 변화되도록 고무시키기를 원한다. 회개 말이다.

관계를 회복하라

회개 뒤에는 용서를 구하는 일이 따라야 한다. 애석하게도 많은 사람이 용서를 어떻게 구해야 하는지 또는 그것이 왜 중요한

지를 알지 못한다.

> 용서는 감정이 아닌 의지가 담긴 행동이며,
> 마음의 온도와 상관없이 그 의지는 제 역할을 할 수 있다.
>
> **코리 텐 붐**

우리 가운데 많은 사람이 어릴 때 "미안해요"라는 말을 배웠다. "미안해요"라는 말은 용서를 구하는 말이 아니다. "미안해요"라는 말은 잘못한 일에 대한 책임을 인정하지 않는다. 당신이 한 일이 잘못되었다는 것에 동의하지 않아도, 그 결과에 대해 '미안할' 수 있는 것이다.

진실하게 용서를 구한다면 자신의 행동이 잘못되었음을 인정하는 말이 포함되어야 한다. 예를 들면, 다음과 같다.

"시간을 지키지 않았습니다. 그것이 남들에게 어려움을 준다는 것을 알고 있어요. 용서해주시겠어요?"

"저에게 맡기신 일을 완수하지 못한 잘못을 했습니다. 그 일을 완수하고 앞으로 지시사항을 잘 따르도록 하겠습니다. 용서해주시겠어요?"

리더로서 당신은 주도권을 가질 필요가 있다. 다음과 같이 질문하라. "당신이 한 일이 잘못이라고 생각하고 변화할 의향이 있습니까?" 긍정적인 대답을 얻는다면, "당신을 용서합니다"라고 말하라.

용서를 구하고 받는 것은 양심을 깨끗하게 하고 관계 회복의 길을 열어준다.

우리 사이에 깊은 상처가 생겼을 때,
용서하기 전까지는 결코 회복될 수 없다. **앨런 스튜어트 페이튼**

잘못에 상응하는 대가를 치르게 하라

회개, 용서 그리고 회복이 반드시 대가를 면제해주는 것은 아니다. 아무리 가혹한 대가를 준다 해도, 회개가 없이는 마음의 변화를 가져오지 못한다. 진정한 회개가 있을 때, 대가는 훨씬 효과적이다.

대가는 '자연스러운' 것일 수도 있고 '미리 정해놓은' 것일 수도 있다.

① 우리에게는 드릴프레스를 작동시킬 때 장갑 착용을 금지하는 규칙이 있다. 직원이 이 규칙을 어기면 장갑이 드릴

에 걸려 손을 다치게 된다. 이것은 자연스러운 대가이다.

② 미리 정해놓은 대가라는 것은 특정 행동에 대해 예정된 바로잡기이다. 직원이 지각해서 그날의 업무를 마치지 못하면 업무를 끝낼 때까지 야근해야 한다. 이것은 미리 정해놓은 대가이다.

리더는 잘못된 행동에 어떤 정해진 대가를 줄지 판단해야 한다. 우리의 목적은 정의를 집행하는 것이며, 정의의 일부는 적절한 대가를 지불하게 하는 것이다. 정의롭기 위해서는 대가를 간과하면 안 된다.

몇 해 전 사람들은 화장실에 휴지가 부족할까 걱정했다. 우습게도 사람들은 가게로 달려갔고, 한동안 가게에서는 화장실 휴지가 동났다. 그 당시 한 직원이 킴레이에서 휴지를 훔치다가 잡혔다. 우리의 규칙은 다음과 같다. "절도하면 해고될 것입니다." 두루마리 휴지 하나를 훔친 것으로 해고한다는 것은 너무 가혹하다고 생각했기에 우리는 대가를 감해주었고 그 직원에게 훔친 것을 제자리에 둘 것을 요구했다.

킴레이의 예전 규칙에는 회사를 그만두면 다시 돌아올 자격이 없다고 적혀있다. 그것이 불공정한 대가라는 것을 깨닫게 해준 몇몇 일들이 있었다. 퇴사할 수밖에 없는 많은 이유가 있을 수 있기에, 정책을 더욱 공정히 하고자 이를 재평가했다. 규칙은 개정되었고, 지금 회사에는 우리와 일했다가 그만둔 후 다시 돌아온 리더가 여러 명이 있다. 오래된 규칙을 고수했더라면, 이런 고급인재들을 놓쳤을 것이다.

킴레이는 불시에 약물 테스트를 한다. 현재 정책에는 양성 반응이 나오면 일자리를 잃는다고 되어있다. 그것은 타당하며 회사를 보호하기 위한 대가이다. 하지만 테스트 전에 약물 문제를 인정하면 마약 중독 재활치료를 받게 된다. 문제가 있음을 인정하고 도움을 구하는 사람은 자신의 행등에 책임을 지지 않으려 하는 사람과는 다르게 대우받아야 한다.

대가의 혹독성은 규칙위반의 심각성에 맞게 미리 정해놓아야 지, 과해서는 안 된다. 당신은 어떤 처벌도 필요 이상으로 혹독하거나 과하기를 원치 않을 것이다.

결과를 평가하라

바로잡기의 주된 목적은 관계를 회복하는 것임을 기억하라. 그것을 염두에 두고서 과정을 평가해야 한다. 바로잡기가 모두 끝나면, 어떻게 그 상황을 처리했는지 평가해보는 시간을 가지라. 어쩔 수 없이 시정조치를 내린 후, 자문해볼 수 있는 몇 가지 질문이 있다.

① "나는 화를 냈는가?" 규칙을 위반한 직원은 규칙위반에 초점을 두기보다 당신의 분노에 반응할 것이기 때문에, 분노가 관계 회복의 과정을 방해하게 두어서는 안 된다.

② "나는 용서를 구해야 하는가? 이 과정 중에 내가 잘못한 것이 있는가? 규칙을 위반한 직원을 공개적으로 질책하거나 화를 내지는 않았는가?" 만약 당신이 잘못한 것이 있다면, 분명하고도 겸손하게 "내가 _____한 것은 잘못되었네. 용서해주겠나?"라고 말하라.

③ "대가는 정당했나?" 그렇지 않다면, 대가를 바꾸라.

④ "그 직원이 계발하도록 도와야 할 품성은 무엇인가?"

⑤ "규칙과 정책의 실행에 있어 일관성이 있었는가?"

⑥ "우리는 새로운 제약을 설정해야 하는가?"

⑦ "행동에 변화를 주겠다고 한 직원의 결정에 우리는 어떻게 더 많은 힘을 실어줄 수 있는가?"

마무리하기

물론 처음에는 인성문제로 직원 바로잡기가 당연히 어렵다. 하지만, 실천할수록 그 절차에 익숙해져 수월해질 것이다. 더불어 적절한 바로잡기가 주는 장점과 관계의 회복을 누리기 시작하면, 당신은 점점 더 그 과정에서 자신감이 생길 것이다.

19장

출발하기

이 책을 읽는 여러분이 오늘 당장 시작할 수 있는 것이 하나 있다. 바로 다른 이의 인성을 칭찬하는 것이다. 훈련이 필요 없다. 그저 '정의', '예시' 및 '유익한 점'을 활용하면 된다. 기술을 연마하기 위해 제9장 '어떻게 칭찬할 것인가?'를 살펴보라. 다른 사람을 칭찬하는 데에는 비용이 전혀 들지 않지만, 이는 다른 사람의 삶에 매일 긍정적인 영향을 끼칠 수 있는 간단하고도 쉬운 방법이다.

인성의 종류, 즉 품성과 그 정의를 외우지 못할까봐 염려되는가? 목록을 휴대할 수 있는 3가지 옵션을 제안하는 바이다.

① 이 책의 '부록 A'에 있는 품성과 그 정의를 복사해서 사용해도 좋다.
② www.makingcharacterfirst.com를 방문하여 '품성과 정의(Character Qualities & Definitions)'의 파일을 다운로드하여 활용할 수 있다.
③ www.characterfirst.com에서 주머니나 지갑에 넣고 다니며 품성과 그 정의를 쉽고 빠르게 참고할 수 있는《인성 포켓 가이드*Poket Guide*》를 구입할 수 있다.

나는 언제나 이《인성 포켓 가이드》를 지니고 다니는데, 당신도 똑같이 해보기를 권한다. 남을 칭찬할 때,《인성 포켓 가이드》를 활용해서 품성과 그 정의를 읽어주어라.

인성 목록을 매일 읽어라. 잠깐의 여유시간 동안 훑어보거나 하루 중 구체적인 시간을 정해 읽는 걸 습관화해도 좋을 것이다. 어느 쪽이든 당신은 품성과 그 정의에 재빨리 친숙해질 것이다. 더 많이 칭찬할수록 더 자주 품성과 정의를 활용하게 되고 더 능숙해질 것이다.

다음 단계는?

인성이 중요하다고 확신하는가? 리더로서, 당신이 직원들에게 엄청난 영향력을 가지고 있음을 아는가? 인성을 계발하도록 격려하고 직원들을 성공으로 인도하기 위해 당신의 영향력을 사용하기를 원하는가?

회사의 리더들과 20년간 일해본 결과, 어떤 조직에서든 캐릭터 퍼스트가 성공적으로 실행될 수 있는 열쇠는 리더의 헌신이다. 캐릭터 퍼스트의 성공 혹은 실패는 궁극적으로 리더에게 달려있다. 인성은 위에서 아래로 성장한다. 그것은 위임하거나 외부에 위탁할 수 없다.

또한, 가치 있는 일을 새롭게 시작할 때면 언제든지 도전이 있기 마련이다. 당신이 진정으로 헌신할 준비가 되어있다면 다음과 같이 질문을 던지며 도전과 마주할 수 있을 것이다. "이 일을 해내려면 우리는 어떻게 해야 하는가?" 당신이 온전히 헌신할 준비가 되어있지 않다면 도전의 기회가 찾아왔을 때 포기하고 말 것이다.

절대 포기하지 마라, 절대 포기하지 마라,

위대한 것이든, 사소한 것이든,

큰 것이든, 하찮은 것이든, 어떤 것에도.

공경심과 분별력의 신념 외에는

절대, 절대, 절대로 굴복하지 마라.　　　　　　**윈스턴 처칠**

　다음 단계는 당신 조직의 모든 리더가 이 책을 읽게 하는 것이다. 이를 통해 리더는 인성 훈련의 비전을 이해하고 다른 사람을 인성으로 칭찬하기 시작할 것이다. 결과적으로 조직 전반이 더 나아질 것이며, '인성 챔피언'이 조직 안에 있었다는 사실도 발견할 수 있을 것이다. 또한, 조직의 리더는 캐릭터 퍼스트 훈련에 참석해야 한다. 리더가 참석하지 못하면 프랭크 코스타 씨가 한 방식대로 하면 된다. 믿을 만한 관리자를 보내는 것이다. 훈련은 캐릭터 퍼스트를 당신의 조직에서 어떻게 실행할지를 직접 체험하는 실질적 기간이다. 그뿐만 아니라 당신의 조직이 처해있는 상황에 맞는 구체적인 질문을 할 기회도 있을 것이다.

시작 날짜를 정하라

　킴레이에서 캐릭터 퍼스트를 시작했을 때 내가 했던 실수를 반복하지 마라. 일단 캐릭터 퍼스트 훈련을 추진하기로 했다면 관리자에게 인성 훈련의 비전을 제시하고 시작 날짜를 정하라.

　모든 관리자를 충분히 훈련시키고, 그들이 성공할 수 있도록 시간을 확보하라. 캐릭터 퍼스트 훈련은 당신 회사의 관리자가 다른 관리자들을 만나서 캐릭터 퍼스트에 대한 종합적인 설명을 듣고 인성 칭찬하기를 실천하면서 등기부여를 받을 수 있는 중립적인 입장에서 진행된다. 그들은 훈련에 참석함으로써 혜택을 누릴 것이고 더 나은 관리자가 될 것이다.

캐릭터 퍼스트는 미국 내의 여러 지역이나 당신의 조직이 있는 곳에서 훈련을 제공한다. 조직 내 현장 교육에 대한 정보는 캐릭터 퍼스트로 연락하면 된다.

교육자료

캐릭터 퍼스트의 중요한 부분은, 매달 직원들에게 관련된 자료를 제공하는 것이다. 이 자료는 그달의 인성을 설명하고, 회의에서 논의할 이야깃거리를 제공하기도 하며, 직원들이 그들의 가족과 나눌 수 있는 주제도 준다.

성공 여부를 어떻게 측정하는가?

회사의 성공 여부는 더 높은 이윤이나 낮은 산재보상률, 높은 생산성, 낮은 이직률 또는 높아진 사기로 정의되지 않는다. 성공은 좋은 인성을 가진 직원들이 만들어낸 결실이다.

회사는 누군가의 삶을 바꿀 때, 개인이 인성을 계발하도록 도울 때, 자신이 몸담은 회사를 자랑스러워하는 직원의 성장을 도울 때 그리고 지역사회에 긍정적인 영향력을 미칠 때 성공했다고 할 수 있다. 성공은 조화롭게 협력하여 일하고, 현명한 판단을 내리고, '타인 중심'이 되어가면서 매일 좋은 인성을 나타내는 직원들을 보는 것이다.

개인적인 성공은 수입이 얼마인가, 얼마나 큰 집에서 사는가, 자동차를 몇 대나 소유하고 있는가, 어떤 지위나 타이틀을 가지고 있는가 하는 것으로 측정되어서는 안 된다. 개인적인 성공은 더 유명해지거나 사회에 '뛰어난' 공헌을 한 것으로 결정되지 않는다. 진정한 성공은 좋은 인성을 기반으로 삼아 일상의 결정을 하는 것이다. 우리 대부분은 비록 유명해지지는 않는다 해도, 가족과 지역사회에 긍정적인 영향을 미칠 수 있다. 좋은 인성과 정직성을 지닌 사람으로 알려질 수도 있다.

> 명성은 연기와 같고, 인기는 우연한 사고이며,
> 부는 날아가지만, 오직 인성만이 끝까지 남는다.
>
> **호러스 그릴리**

우리 외할아버지가 그런 분이셨다. 유명인사는 아니셨지만, 동네에서 인품이 좋고 진실한 분으로 알려져있었다.

12세 무렵, 나는 동네에서 꽤 잘나가는 잔디 깎기 사업을 하고 있었다. 여름 내내 하루에 몇 차례씩 잔디를 깎고 나면 잔디 깎는 기계가 닳곤 했다. 크랭크축 주변에 기름이 새어 나와 점화 플러그에 엉겨 붙으면 다시 기계를 작동시키기가 어려웠다. 매일 아침, 바퀴덮개와 바퀴를 빼내고 점화플러그를 청소해야 했다. 그러고 나서 기계를 다시 작동시키면 되었지만, 기계가 움직이는 동안 한쪽 잔디밭에서 다른 쪽으로 밀어주어야 했다. 새 기계가 필요했다.

돈이 충분치가 않아서 나는 오클라호마 주에 위치한 국립은행으로 갔다. 직원에게 잔디 깎는 기계를 사기 위해 100달러를 빌리고 싶다고 말했다. 직원은 그저 미소를 지었다. 바로 그때, 대출결정권을 가진 다른 직원 한 분이 오더니 무엇을 도와줄지를 물었다. 나는 다시 말했다. "잔디 깎는 기계를 새로 사고 싶습니다! 100달러를 대출받고 싶습니다!"

그가 대답했다. "혹시 웨스 바빙어 씨의 손자니?"

"네, 맞아요." 나는 대답했다.

나는 그의 대답을 절대로 잊지 못할 것이다. "네가 웨스 씨의 손자라면, 돈을 빌려줄 수 있단다"라고 말했다. "아저씨는 너희 외할아버지를 알아. 그분은 믿을 만한 사람이거든." 나중에 알고 보니 나는 돈을 대출받을 필요가 없었다. 외할아버지께서 내게 당신의 잔디 깎는 기계를 주셨기 때문이다. 그리고 나는 매주 외할아버지의 잔디를 깎아드리는 것으로 그 값을 대신했다.

이 이야기의 핵심이 무엇일까? 우리 외할아버지는 비록 유명하지도 않고 사회적으로 '뛰어난' 공헌을 하지 않았어도 좋은 인성으로 나뿐만 아니라 지역사회에 지속적인 영향을 미치고 있었다. 그와 눈을 마주하고 이야기를 나누다 보면, 당신은 그분의 말을 믿을 수 있을 것이다. 아울러 그것은 무언가 특별한 것을 의미했다. 그분의 인성은 지역사회에 좋은 영향을 주었으며, 프라이어 마을은 그분으로 인해 더 살기 좋은 곳이 되었다.

나의 소망은 당신이 회사의 실적만 올리기 위해서가 아니라 진정한 성공을 바라면서 캐릭터 퍼스트를 응용하는 것이다. 맥도날드 햄버거 체인점의 주인인 레지널드 존스 씨가 이렇게 말한 것처럼 말이다. "우리는 옳은 일을 하는 것이 옳기 때문에 옳은 일을 합니다!" 그리고 그 옳은 일이란 당신의 직원이 좋은 인성으로 바뀌면서 성공적인 삶을 사는 것이다.

진정한 '기업실적'은 이런 것이다. 다른 사람이 인성을 계발하도록 격려하는 것이 옳은 일이라는 원리에 전념할 때, 그리고 끝까지 그들이 해내도록 도와줄 때 비로소 당신의 성공이 온다.

타인의 희생이 아닌,

타인에 대한 섬김을 바탕으로 성공하라.   H. 잭슨 브라운

완전한 변화

지금까지 조직 내의 개인이 변화할 때, 어떻게 조직문화도 완전히 변할 수 있는지 이야기해왔다. 개인적인 경험과 전 세계 경영자들의 경험에 비추어볼 때 가장 심오한 영향, 즉 '거대하고도 완전한 변화'는 리더에게서 일어난다. 당신의 인성을 개선할 준비가 되었는가? 시련은 당신의 직원에게서 비롯되지 않는다. 그것은 경영진이나 당신 가족에게서 시작되지 않는다. 진정한 시련은 당신 내면으로부터 비롯된다.

남을 칭찬할 때, 직원회의를 인도할 때, 인성에 관해 이야기를 나눌 때, 당신 삶에서 좋은 인성을 보이지 못했던 예를 들며 인정할 때, 당신은 시련에 부딪힐 것이다. 하루에도 몇 번씩 포기하고 싶고 놓아버리고 싶은 생각이 들 수도 있다. 하지만 당신은 그 시련을 이겨낼 능력이 있다. 실제로도 이겨낼 것이고, 이를 통해 변화된 자신을 볼 수 있을 것이다.

이 모험에 동참하겠는가?

당신의 인성이 성공을 결정한다.

49가지 품성

감사 다른 사람이 나에게 베푼 것들에 대해 말과 행동으로 알려
   주는 것.

검약 나 자신은 물론 다른 사람도 꼭 필요한 돈만 쓰게 하는 것.

겸손 내가 성취한 것은 다른 사람 덕분임을 인정하는 것.

경각심 바르게 대처할 수 있도록 주변상황을 의식하는 것.

경청 상대방이나 맡은 일에 모든 주의를 집중하여 그 가치를 보
   여주는 것.

공경 다른 사람을 높게 여겨 받드는 것.

과단성 중심 요소를 파악해 어려운 결정도 과감하게 내릴 수 있
는 것.

근면 맡겨진 일을 완수하기 위해 부단히 시간과 힘을 쏟는 것.

긍휼 다른 사람의 상처를 낫게 하는 데에 필요하면 무엇이든 내
주는 것.

기쁨 불쾌한 상황에 부딪혀도 좋은 태도를 유지하는 것.

끈기 정신적·육체적 중압을 견디면서도 최선을 다하는 것.

담대함 해야 할 말이나 행동이 옳고 바른 것임을 확신하는 것.

덕 옳은 일을 꾸준히 행한 증거로 삶에 나타나는 탁월한 도덕성.

만족 참된 행복은 물질적 조건에 달려있지 않음을 깨닫는 것.

민감성 주위 사람의 실제 태도와 감정을 그대로 감지하는 것.

믿음 좋은 인성에 근거하여 행동하면 비록 과정이 보이지 않아
도 최상의 결실이 있음을 확신하는 것.

베풂(사랑) 대가를 생각하지 않고 다른 사람이 기본적으로 필요
로 하는 것을 채워주는 것.

분별 사태의 근본적 원인을 이해하는 것.

설득 상대방이 보지 못한 부분을 결정적인 사실로 인도하는 것.

솔선 처리해야 할 일을 요청받기 전에 먼저 알아서 하는 것.

순종 나를 책임지는 사람의 지시를 즉시 기쁘게 수행하는 것.

시간 엄수 타인과 그들의 시간에 대해 존중하는 것.

신뢰성 하기로 한 일은 예기치 못한 희생이 따르더라도 끝까지 완수하는 것.

신실 투명한 동기로 옳은 일을 하려는 열망.

신중 옳지 않은 결과를 초래할 말, 행동, 태도를 미리 삼가는 것.

안정 사라지거나 무너지지 않을 것에 삶의 중심을 두는 것.

열성 주어진 일에 최선을 다하여 기쁨을 표현하는 것.

온유 섬기는 마음으로 권리와 기대를 양보하는 것.

온화함 다른 사람을 깊이 생각하고 따뜻한 관심을 보이는 것.

용서 다른 사람의 잘못을 깨끗이 잊고 악의를 품지 않는 것.

유연성 불쾌하게 여기지 않고 계획이나 생각을 바꿀 자세를 갖추는 것.

유용성 내가 섬기는 사람의 뜻에 따라 일정과 우선순위를 양보하는 것.

의지력 반대에 부딪히더라도 올바른 목표를 제때 이루기로 작정하는 것.

인내 기한을 정하지 않고 어려운 상황을 받아들이는 것.

자원 선용 다른 사람은 그냥 지나치거나 버릴 것에서도 쓸모를 찾는 것.

절제 그릇된 욕구는 물리치고 옳은 일을 행하는 것.

정돈 능률을 한결 높이려고 자신과 주변환경을 정리하는 것.

정의 진실한 것을 지키기 위해 깨끗하고 바르게 개인의 책임을 다하는 것.

조심성 옳은 행동을 할 때에도 적절한 시기가 얼마나 중요한지를 아는 것.

존중 주위 사람의 기호를 두루 살피며 나의 방종을 제한하는 것.

지혜 날마다 내리는 결정에 진리를 구체적으로 적용하는 것.

진실성 과거 사실을 정확히 보고하여 미래의 신뢰를 얻는 것.

창의성 새로운 관점에서 필요나 일이나 생각에 접근하는 것.

책임감 내게 기대하는 바를 알고 마땅히 행하는 것.

철저함 일이나 말에서 무시하고 넘어가면 효력을 떨어뜨릴 요소를 아는 것.

충성 어려울 때일수록 내가 섬기는 사람에게 헌신을 다하는 것.

포용 사람마다 다른 수준에서 인성이 계발되고 있음을 깨닫고 받아들이는 것.

환대 기꺼이 음식이나 숙소나 대화를 나눔으로써 다른 사람을 반갑게 맞이하는 것.

후함 자원을 신중히 관리하여 필요한 사람에게 아낌없이 주는 것.

채용 면접 질문 예시

시간 엄수

이전 직장의 관리자는 당신이 꾸준히 정각에 출근한다고 기억
할까요?   □ 예   □ 아니오

그렇다고 한다면 근거가 무엇이고, 아니라고 한다면 이유가 무
엇입니까?

이전 직장의 고용주는 당신의 근무태도가 어떠했다고 말할 것 같나요? □탁월함 □좋음 □보통 □나쁨

그 이유를 설명하세요. _____

정돈

이전 직장의 관리자는 당신이 정돈된 사람이라고 할까요?

□예 □아니오

당신에게 '정돈'이란 어떤 의미인가요?

_____

진실성

당신을 가장 잘 아는 사람들은 당신의 말을 믿을 수 있다고 할까요? □예 □아니오

그렇다고 한다면 근거가 무엇이고, 아니라고 한다면 그 이유가 무엇입니까?

_____

신뢰성

옳은 일을 하기 위해 손실을 겪은 적이 있습니까?

□예 □아니오

그 이유를 설명하세요. _____

순종

이전 직장의 관리자는 당신이 지시를 잘 따랐다고 할까요?

☐ 예　　☐ 아니오

그렇다면 근거가 무엇이고, 아니라면 그 이유가 무엇입니까?

_____

충성과 만족

이전에 일한 회사는 좋은 회사였나요?　　☐ 예　　☐ 아니오

그 이유를 설명하세요. _____

이전 직장의 고용주는 급여 면에서 공정했나요?

☐ 예　　☐ 아니오

그 이유를 설명하세요. _____

용서와 포용

이전 직장의 관리자는 당신이 얼마나 자주 화를 냈다고 할까요?

☐ 전혀　　☐ 드물게　　☐ 때때로　　☐ 자주

근무 중에 어떤 일로 화가 납니까?

_____

동료나 관리자에게 잘못에 대해 용서를 구한 적이 있나요?

□ 예 □ 아니오

그 이유를 설명하세요. _____

당신이 가장 약한 영역에 표시하세요.

□ 만족	□ 근면	□ 신뢰성
□ 정직	□ 충성	□ 온유
□ 용서	□ 정돈	□ 시간 엄수
□ 진실성	□ 순종	□ 절제

당신이 가장 강한 영역에 표시하세요.

□ 만족	□ 근면	□ 신뢰성
□ 정직	□ 충성	□ 온유
□ 용서	□ 정돈	□ 시간 엄수
□ 진실성	□ 순종	□ 절제

당신의 목표는 무엇입니까?

_____

이 일이 당신의 목표를 이루는 데 어떤 도움을 줄 거라고 생각
합니까?

_____

왜 이 회사를 위해 일하고 싶습니까?

_____

화가 난 징후

"목소리가 높아져요."

"소리를 질러요."

"비난해요."

"아주 조용해져요."

"그이는 입을 다물고 거리를 둬요."

"한숨을 쉬어요."

"집안 꼴이 이게 뭐냐고 불평해요."

"벽을 쌓아요."

"우리 남편은 심하게 상처 주는 말을 해요(뼛속까지 사무치도록 말이에요)."

"목소리요. 언성을 높여 짧게 대답해요."

"그이는 한숨을 쉬고, 말이 없어지고, 때로는 제 말을 무시해요."

"눈을 내리깔고 말을 안 해요."

"표정이요."

"거친 목소리요."

"짧고 퉁명스러운 말투와 돌발적인 행동을 보여요(대개 물건이 깨집니다)."

"모욕감을 줘요."

"아이들에게 참을성이 없어져요."

"독단적으로 일 처리를 해요."

"팔짱을 끼고 15센티미터 이상 바깥쪽으로 뻗은 오른발을 이용해 등을 굽혀요. 이런 동작을 설 때나 앉을 때 해요."

"엄격한 얼굴이 돼요."

"저와 아이들에게 인내심이 없어져요."

"웃지 않아요."

"눈썹이 치켜 올라가요."

"몸이 경직돼요."

"침묵을 유지해서 잘못된 말을 하지 않으려 해요."

"욕설을 퍼부어요."

"침묵이요. 몇 시간 동안일 때도 있어요."

"제가 하는 말에 전부 시비를 걸어요."

"공격적이 돼요."

"우울한 눈빛이요."

"집 안을 청소하고 마당에서 일하면서 자신을 바쁘게 만들어요."

"무뚝뚝해져요."

"말을 못하도록 우리 입을 막고 무시해요."

"이야기하지 않으려 해요."

"저와 아이들에게 쏘아붙여요."

"거리를 둬요."

"이야기를 들으려고 하지 않아요."

"뻣뻣한 목과 몸이요."

"그이는 적대적이 돼요."

"말을 붙이기가 어려워져요."

"냉랭해져요. 가까이 갈 수가 없고 안아도 아무런 반응이 없죠."

"정말이지 그이는 방안을 계속 서성이는 것밖에는 하지 않아요.
  그이의 화난 감정을 감지하면 우리는 '살얼음 위를 걷는 듯한'
  기분이에요."

인용 문구 목록

나무는 그 열매로 알 수 있고,
사람은 그의 행동으로 알 수 있다.　　　　　　　**성 바실리오**

명망 있는 사람이 소유한 전 재산 가운데
인성만한 보화는 없다.　　　　　　　　　　　**헨리 클레이**

평판은 다른 사람들이 우리에 관해

어떻게 생각하느냐이지만,

인성은 하나님과 천사들이 우리에 관해 알고 있는 것이다.

토머스 페인

인성이 그 사람의 운명이다.

헤라클레이토스

인성은 중대한 시기에 분명히 드러나지만,

그것은 사소한 순간에 형성된다.

필립 브룩스

아무도 보는 사람이 없을 때 하는 행동이

그 사람의 진짜 인성이다.

토머스 바빙톤 맥콜레이 남작

좋은 인성은 옳은 태도,

옳은 말 그리고 옳은 행동을 반드시 요구한다.

쉬운 상황에서뿐만 아니라 어려운 상황에서도 그렇다.

캐릭터 퍼스트

지혜로운 자와 동행하면 지혜를 얻고,

미련한 자와 사귀면 해를 받느니라.

《구약성경》〈잠언〉 13장 20절

명성을 중요시한다면 좋은 인성의 사람들과 벗하라.

나쁜 친구들과 함께하는 것보다는

혼자 있는 편이 낫기 때문이다.　　　　　　　**조지 워싱턴**

인성은 일상의 의무를 이행하는 과정에서 만들어진다.

　　　　　　　　　　　　　　　　　　　우드로 T. 윌슨

큰 위기가 발생할 때

우리 자신은 괜찮을 거라고 상상하지만,

위기는 우리가 무엇으로 이루어져있는지를

드러낼 뿐이다.

위기는 우리 속에 어떤 것도 넣을 수 없다 〔…〕

위기는 항상 인성을 드러낸다.

　　　　　　　　　　　　　　　　　　오스월드 체임버스

생각을 심으면 행동을 거두고,

행동을 심으면 습관을 거두고,

습관을 심으면 인성을 거두고,

인성을 심으면 운명을 거둔다.　　　　　　　　**미상**

인성은 세 번째와 네 번째 시도에서
당신이 하는 행동으로 이루어진다.   **제임스 A. 미체너**

인성은 유지하는 편이 회복하는 편보다 훨씬 쉽다.

토머스 페인

실수를 계속 찾아내야 한다는 압박감이 든다면,
망원경이 아닌 거울을 사용해보라.   **미상**

칭찬하기 위해 사람들이
정확히 올바른 일을 할 때까지 기다리지 말라.   **켄 블랜차드**

훌륭한 아이는 부모의 칭찬으로 빚어진다.
성공적인 가족 구성원은 다른 가족들의 칭찬으로 빚어진다.
우수한 직원은 상사의 칭찬으로 빚어진다.   **캐릭터 퍼스트**

학교에서 – 시험 본 대로 얻는다.
직장에서 – 요구한 대로 얻는다.
사람들 사이에서 – 칭찬한 대로 얻는다.   **캐릭터 퍼스트**

자신의 성공에 간절한 만큼 타인의 성공에 간절해져라.

크리스천 라슨

오늘의 나는 어제 내가 선택한 결정의 결과이다.　　**미상**

인성이 나무라면 평판은 그 그림자와 같다.
우리가 나무에 관해 생각하는 바가 그림자라면,
나무는 실제 모습이다.　　**토머스 페인**

성공적인 개인은 성공적인 가정을 만든다.
성공적인 가정은 성공적인 조직을 만든다.
성공적인 개인, 가정 그리고 조직은
성공적인 사회와 국가를 만든다.
인성이 성공을 결정짓는다.　　**캐릭터 퍼스트**

직원을 혹사하는 지름길은 새로운 책임을 주면서
그 업무에 필수적인 지시사항이나
교육을 제공하지 않는 것이다.　　**켄 블랜차드**

사람은 각자 저마다의 장점이 있다.　　**이솝**

인성이 성공을 결정짓는다.   **캐릭터 퍼스트**

돈을 어떻게 벌어 어떻게 쓰는가,
즉, 돈을 다루는 것에서 그 사람의 인성을
가장 결정적으로 확인해볼 수 있다.   **제임스 모펏**

최고의 이력서는 당신이 적은 내용이 아니라,
당신이 살아가는 방식이다.   **미상**

말을 안 해서 상처를 입은 적은 없다.   **캘빈 쿨리지**

본보기는 가르침을 주는 또 다른 방법이 아니다.
그것은 가르침을 주는 유일한 방법이다.   **알베르트 아인슈타인**

성공을 나누면 벽이 세워진다.
실패를 나누면 다리가 세워진다.   **탐 힐**

캐릭터 퍼스트는 우리 학교를 변화시킬 수 있다.
우리 가정을 변화시킬 수 있다.
우리 기업을 변화시킬 수 있다.

캐릭터 퍼스트는 온 세상을 변화시킬 수 있다.　　　　**탐 힐**

나에게는 두 발을 인도해주는 유일한 램프가 있는데,
그것은 경험이라는 램프다.
나는 과거를 통해서만 미래를 판단할 수 있다.　　**패트릭 헨리**

인성으로 고용하라. 기술은 가르치면 된다.　　**캐릭터 퍼스트**

사람들은 남을 존중하는 만큼 존중받을 만하다.

　　　　　　　　　　　　　랠프 월도 에머슨

화날 때 말해보시오.
그러면 평생을 후회할 최고의 말을 할 수 있을 것이오.

　　　　　　　　　　　　　로렌스 J. 피터

당신의 발은 걸음을 걷고 당신의 입은 말을 하지만,
당신의 발걸음은 당신의 입이 하는 말보다 더 크게 말한다.

　　　　　　　　　　　　　캐릭터 퍼스트

당신이 그들에게 얼마나 관심이 있는지 알기 전까지

아무도 당신이 얼마나 많이 아는지에 신경 쓰지 않는다.

시어도어 루스벨트

훌륭한 사람만이 경청자가 될 수 있다.　　　　**아서 헬프스**

사람들은 자신을 기다리게 한 사람의 잘못을 세고 있다.

프랑스 속담

노하기를 더디하는 자는 용사보다 낫고,

자기의 마음을 다스리는 자는 성을 빼앗는 자보다 나으니라.

《구약성경》〈잠언〉 16장 32절

혈기를 다스리라. 누구도 그것을 좋아하지 않는다.　　**미상**

용서는 감정이 아닌 의지가 담긴 행동이며,

마음의 온도와 상관없이 그 의지는 제 역할을 할 수 있다.

코리 텐 붐

우리 사이에 깊은 상처가 생겼을 때,

용서하기 전까지는 결코 회복될 수 없다.　**앨런 스튜어트 페이튼**

절대 포기하지 마라, 절대 포기하지 마라.

위대한 것이든, 사소한 것이든,

큰 것이든, 하찮은 것이든, 어떤 것에도.

공경심과 분별력의 신념 외에는

절대, 절대, 절대로 굴복하지 마라.　　　　　　**윈스턴 처칠**

명성은 연기와 같고, 인기는 우연한 사고이며,

부는 날아가지만, 오직 인성만이 끝까지 남는다.

　　　　　　　　　　　　　　　　　　　호러스 그릴리

타인의 희생이 아닌,

타인에 대한 섬김을 바탕으로 성공하라.　　**H. 잭슨 브라운**

감사의 글

이 책의 저자는 나 혼자가 아니다. 아내의 애정 어린 격려와 인내심이라는 도움이 없었다면 이 책은 세상에 나올 수 없었을 것이다. 그녀는 내 인생의 하나뿐인 사랑이자 나의 47년 지기이며 파트너이다. 그녀는 내 안에 있는 모든 좋은 인성의 가능성이 발현될 수 있도록 도와주었다. 아내는 공동집필자이자 편집자였고, 또한 창의적인 감독이며 상담자였다. 무엇보다도 아내는 어떤 순간에도 나를 사랑해주었다.

우리 자녀들과 손주들도 이 책을 쓰는 데 중요한 역할을 했다. 그들 모두가 이 책의 저자이며 편집자일 뿐 아니라 내가 계속해서 인성을 계발할 수 있도록 격려해준 사람들이다. 특히 나와 아내에게 20명의 손주를 안겨준 사위와 두 며느리에게 깊은 고마움을 표한다. 그들은 아내와 나의 삶에 큰 기쁨이며, 여러

탐 힐의 가족

면에서 '인성학교'와 같다.

　　마지막으로, 하나님께 감사 드린다. 그분은 놀랍고도 형언할
수 없는 방식으로 나를 사랑하시며 삶에 진정한 의미와 목적을
주시고 '말한 바를 실천할 수 있는' 힘을 주신다.

1. "Focus on Character Reaps Big Savings, Reductions of Comp Costs and Claims," *Bureau of National Affairs' Workers' Compensation Report 7,* no. 9 (1996): 217-18.

2. Hilb Rogel and Hamilton Company of Oklahoma to Kimray Inc., August 26, 1994, in author Tom Hill's possession.

3. "Tips to Control Workers' Compensation Costs," in author Tom Hill's possession.

4. "Control Insurance Costs: Manage Your Risks," in author Tom Hill's possession.

5. Richard L. Hughes, Robert C. Ginnett and Gordon J. Curphy, *Leadership: Enhancing the Lessons of Experience,* (New York: Irwin/McGraw Hill, 2008), 412; Pace Communications,

Inc., *Hemispheres Magazine,* November 1994, 155; "Keeping Workers Happy," USA Today, February 10, 1998.

6. Ken Blanchard and Spencer Johnson, *The One Minute Manager* (New York: William Morrow and Company, Inc. 1982), 61.

7. "Words of Praise From a PC," *Communications Briefings* 18, no. 4 (1999).

8. Marilyn Gardner, "Seven things employees want most to be happy at work," *The Christian Science Monitor,* January 28, 2008.

9. Cliff Uranga and Argyl Dick, "Chaplaincy Group Teams With Detention to Address Spiritual Needs and Character," *LJN Exchange* (2005): 25-28.

10. Bill Sherman, "Faith Builds Character," *Tulsa World,* December 18, 2008.

11. Ibid.

12. Des Tobin, Frank Costa: *Faith, Family and Footy* (Malvern: Killaghy Publishing, 2007), 101-02.

13. Jim Collins, *Good To Great* (New York: Harper Business, 2001), 41.

14. American Council for Drug Education's Facts for Employers, "Why Worry About Drugs and Alcohol in the Workplace?" http://www.acde.org/employer/DAwork.htm.

15. Jim Collins, *Good To Great* (New York: Harper Business, 2001), 51.

16. "Workplace Killers", *USA Today,* Sept. 28, 1999.

17. D.T. Phillips, "The Price Tag of Turnover," *Personnel Journal* 69, no. 12 (1990): 58.

18. Kenneth Thomas and Warren Schmidt, "A Survey of Managerial Interests With Respect to Conflict," *The Academy of Management Journal* 19, no. 2 (1976): 315-18.

19. Carol Watson and L. Richard Hoffman, "Managers as Negotiators," *The Leadership Quarterly* 7, no. 1 (1996): 63-85.

20. John Maxwell, "People Do What People See," *Bloomberg Businessweek,* November 19, 2007.

위기 극복의 힘, 인성수업

2017년 9월 1일 1판 1쇄 박음
2017년 9월 5일 1판 1쇄 펴냄

지은이 탐 힐 · 월터 젠킨스
옮긴이 강성룡
펴낸이 김철종
책임편집 배빛나
디자인 이찬미
마케팅 오영일
인쇄제작 정민문화사

펴낸곳 (주)한언
출판등록 1983년 9월 30일 제1 - 128호
주소 03146 서울시 종로구 삼일대로 453(경운동) KAFFE빌딩 2층
전화번호 02)701 - 6911 **팩스번호** 02)701 - 4449
전자우편 haneon@haneon.com **홈페이지** www.haneon.com

ISBN 978-89-5596-809-5 13320

이 도서의 국립중앙도서관 출판예정도서목록(CIP)은 서지정보유통지원시스템 홈페이지
(http://seoji.nl.go.kr)와 국가자료공동목록시스템(http://www.nl.go.kr/kolisnet)에서
이용하실 수 있습니다.(CIP제어번호: CIP2017021258)

만약 어떤 프로그램 자체를 찾고 있다면, 캐릭터 퍼스트는 당신이 원하는 것이 아니다. 당신의 인생과 함께 살고 일하는 사람들의 삶에 진정한 변화를 주고자 한다면, 그때서야 비로소 캐릭터 퍼스트는 당신이 찾던 바로 그것이 된다. 인성은 모든 것을 아우르는 중요한 요소이다. 사소한 투자로 보일지 몰라도 결국에는 인성으로 인해 큰 이익이 창출된다.

데이비드 멜빈(데이비드 H. 멜빈 엔지니어링 컨설팅 회장)

우리의 성공전략 중 하나는 팀워크이다. "너희 중의 두 사람이 땅에 서 합심하여 […] 하늘에 계신 내 아버지께서 그들을 위하여 이루게 하시리라"(《신약성경》〈마태복음〉 18장 19절). 그러나 진정한 팀워크는 쉽지 않다. 강한 신뢰가 있을 때에 가능하기 때문이다. 캐릭터 퍼스트 프로그램은 직원들 간의 신뢰도를 높였고, 이 신뢰를 바탕으로 우리는 성공을 향한 팀워크를 다질 수 있었다.

조셉 M. 올리버(올리버 히팅 & 쿨링 냉난방설비업체 관리총괄 겸 회장 및 설립자)

청소년 수감자들과 캐릭터 퍼스트를 시작했을 때, 그 효과는 오클라호마 카운티 보안관 사무실로 서서히 스며들어갔다. 2,400명의 수감자, 800명의 직원이 있는 곳의 분위기를 변화시키는 통로가 된 것이다. 내가 여기서 캐릭터 퍼스트를 시도한 만큼, 어디서든 캐릭터 퍼스트를 실행할 수 있다.

아르길 딕(오클라호마 카운티 보안관 사무소 및 소년원 목사)

우리는 캐릭터 퍼스트로 인성을 우리의 세계로 가져오는 방법을 찾았다. 그리고 그 후, 예전의 악습은 되풀이되지 않았다.

켄 크리바넥(콴드란트 홈즈 주택건설사 부회장)

인성은 우리가 무언가를 배우는 방법을 찾도록 도와준다. 인성 없이는 세상의 모든 교육이 무의미하다.   **드보라 크라벤(크루트 옥스 학교 상담전문가)**

학생들의 인성 계발을 위해 우리가 원하던 바로 그것을 캐릭터 퍼스트가 하고 있다.   **제임스 브랜스컴(메트로 테크놀로지 직업학교 최고 관리자)**

우리 직원 모두 인성 중심의 사업을 구현하는 49가지 영역의 훈련을 받았다. 우리 모두 인성을 기반으로 장기적인 관계를 쌓아갈 수 있다고 믿는다.

탐 길(탐 길 쉐보레 대리점 소유주)

옳은 일을 하는 것이 가장 쉽다는 것이 캐릭터 퍼스트의 패러다임이다.

폴 모갑갑(EDG엔지니어링 컨설팅 CEO)

인성 훈련 프로그램 시행 이전 3년 동안 우리에게는 42건의 노사문제가 있었고, 7건의 각기 다른 소송을 진행 중이었다. 인성 훈련 프로그램 도입 이후 3년간 2건의 노사문제만이 발생했으며, 직원들의 소송은 전혀 없었다. 나는 이런 사실 자체만으로도 큰 의미가 있다고 믿는다.

로드니 레이(오클라호마주 오와소 시 행정 담당관)